山东大学主办

山东大学国际问题研究院承办

编辑部联系方式：

地　　址： 山东省威海市文化西路 180 号山东大学国际问题研究院

邮　　编： 264209

投稿邮箱： dongyapinglun@163.com

电　　话： 0631-5680812

山东大学主办
山东大学国际问题研究院承办

东亚评论

第38辑

张蕴岭◎主编

世界知识出版社

图书在版编目（CIP）数据

东亚评论．第38辑／张蕴岭主编．--北京：世界知识出版社，2023.6

ISBN 978-7-5012-6679-1

Ⅰ.①东… Ⅱ.①张… Ⅲ.①政治—东亚—丛刊 Ⅳ.①D731-55

中国国家版本馆CIP数据核字（2023）第167638号

责任编辑　刘豫徽
责任出版　李　斌
责任校对　陈可望

书　　名　东亚评论（第38辑）
　　　　　Dongya Pinglun（Di 38 Ji）
主　　编　张蕴岭

出版发行　世界知识出版社
地址邮编　北京市东城区干面胡同51号（100010）
经　　销　新华书店
网　　址　www.ishizhi.cn
电　　话　010-65233645（市场部）
印　　刷　北京虎彩文化传播有限公司
开本印张　787毫米×1092毫米　1/16　12⅜印张　1插页
字　　数　135千字
版次印次　2023年6月第一版　2023年6月第一次印刷
标准书号　ISBN 978-7-5012-6679-1
定　　价　68.00元

目录

主编笔记

国际关系

区域与国别

历史与文化

经济与合作

思想与社会

青年学人

主编笔记

对“安全悖论”的思考

张蕴岭*

在世界大变局中，“安全”一词的使用率越来越高，越来越多的事情都与安全挂钩，好像世界变得比以往任何时候都不安全，怎么解释这种现象呢？这使我对有关“安全悖论”的问题进行了一些思考。

按照一般的定义，悖论，逻辑学中指可以同时推导或证明两个互相矛盾的命题或理论体系。这种矛盾性，可能来自推理偏颇或“谬误”，即“谬误悖论”，也可能来自不存在的谎言，即“谎言悖论”。按照悖论的释义，安全悖论指的是为了安全的行为，结果却导致不安全。产生安全悖论的原因，可能是推论上的谬误，由此造成安全的“谬误悖论”，也可能是来自谎言，形成安全的“谎言者悖论”。其实，安全悖论还来自安全的相互性，即为了自身安全所做的认定和行为，引起相关方的对应反应，从而导致与原来的安全设定相悖的结果。这样的悖论，既不是来自推理谬误，也非来自编

* 张蕴岭，中国社会科学院学部委员，山东大学国际问题研究院院长。

造的谎言，而是来自对安全本身认定上的问题，即安全的相互性和共同性。

安全是一个普遍存在的命题，对安全的威胁来自很多方面，为了自身的安全而作出认定，进行推论并采取行动也是自然的。但是，在实践中，产生安全悖论的例子比比皆是。任何关于安全的认定都以不安全为前提，以保证自身安全为目标。传统安全的基本认定是国家受到外来势力的威胁和进犯，因此，国家会增强维护安全的能力，主要是军事能力。但是，如果认定只有构建绝对优势的军事能力才可以保证安全，那就会导致他方对自身安全的担心。这就是为何国际关系理论使用安全悖论这个概念。根据国际关系理论关于安全悖论的解释，一个国家自认为增进自身安全的防御措施，可能被另一个国家认作进攻性的行为，由此会引起对方的对抗性反应，引发双方的对立和冲突，结果自认为增进安全的举措，反倒危及自身的安全。

安全悖论被用于非常广泛的范围，涉及方方面面，如“国际安全悖论”“国家安全悖论”“互联网安全悖论”“信息安全悖论”“社会安全悖论”“海上安全悖论”“疫情安全悖论”“隐私安全悖论”等。在国际领域，所引用的案例，比如：华约与北约的成立，其结果与防御对方维护己方安全的“初衷”相悖；北约东扩与俄罗斯对安全范围的认定，都导致对方的不满，引发严重的对抗和冲突。当今，非传统安全因素的影响增大，使得安全定位、设计与行动都变得复杂起来。从定位来说，不安全既有国家层面的，也有社会个人层面的；既有军事的，也有非军事的，涵盖政治、经济、技术、信息、网络多个领域。从设计方面来看，既有军事的能力和手段构建，也有非军事的能力和手段构建；从行动方面来说，行为体往往动用各种资源，各种手段，从各个方面防范并主动解决复杂因素对安全的威胁。

从现实来看，安全的多样性和安全威胁的多样性，需要采取更为多样性的方法来应对和解决，但也使得安全悖论问题更为凸显。比如，对安全的过度认定，使越来越多的问题都与安全挂钩，把普通的问题定位成安全问题，就可能会导致“安全泛化”，反而导致许多不该发生的安全问题。2001 年，美国遭到恐袭，随之发动全球范围的反恐行动，曾导致“安全泛化”，弄得“草木皆兵”，甚至把某个民族的人都设定为不安全因素加以监控，产生民族性对立，也使得人们正常的生活、出行、交往，甚至工作安全都受到损害。现实中，过度的安全设计和措施，会导致与设计和措施初衷相悖的结果。安全的泛化也会使人们对安全本身产生焦虑和疑虑，把不安全作为一种普遍的常态，进而引发危及安全的情绪和行为，从而导致整体的不安全感。

核武器的发展是一个典型的“安全悖论”例证。核武器的巨大杀伤力激励国家开发和拥有核武器，因为“拥核”被认为是对国家安全的绝对保证。冷战时期，美苏争相扩大核武的数量和提升核武的摧毁能力，结果，由于核武器会导致相互毁灭，双方都变得更不安全了。这与拥核安全的推论和认定完全相悖。为了避免相互毁灭，美苏双方达成了多个限制、监督、使用核武数量的协议，以避免发生核大战。为了阻止拥核国增多，安理会常任理事国还制定《不扩散核武器条约》，规定除安理会常任理事国外，其他国家都不得开发和拥有核武器，严禁核武技术扩散。但是，这样的规定并不能完全阻止其他国家拥核或者“准拥核”（有能力制造）。现实中，出于战略的设定，安理会常任理事国甚至暗助、默许他国拥核，搞“延伸核威慑”（把核武或装载核武的潜艇部署到其他国家）。此外，尽管安理会常任理事国发表了不使用核武的联合声明，但非核国家并不放心，有的安理会成员仍不时以挥舞“核大棒”相威胁，部分事实上拥有核武器的其他国家也以对他国使用核武相威慑。数量巨大的核武器和缺乏有效的管控现实，成了对世界最具威胁的不安全因素，使得包括拥核国家在内的世界各国都受到核武威胁。最有效的办法当然是全部销毁核武器，这也是绝大多数联合国成员投票赞成和要求彻底销毁核武器的原因。

中美战略博弈正在分裂世界，使世界变得不安全。起因是美国认定中国是挑战者，危及美国的地位和国家安全。美国学者格雷厄姆·艾利森提出了“修昔底德陷阱”论，论证其合理性。据其所说，古希腊伯罗奔尼撒战争的起源是斯巴达方认为雅典势力的崛起必然威胁自身的安全，因此必须对其进行打压，从而导致战争，战争的结果是两败俱伤。艾利森的“修昔底德陷阱”论试图论证守成大国与崛起大国必然引发冲突，并把它用在美国与中国的关系上。根据该理论，美国作为守成霸权，必然认定作为崛起大国的中国是安全威胁，并为此对中国进行遏制和打压，若非如此，美国不能维护其主导地位的国家安全。很多人反对艾利森的“修昔底德陷阱”论，认为它不符合历史事实，若如此，按照安全悖论的解释，美国设定对华全面战略竞争的理由就是一种“谬误悖论”，即不符合历史事实的推论和认定；或是由于对安全本身的认定出了问题，即忽视了安全的相互性和共同性。值得思考的是，对中国采取封堵、打压可以确保美国地位和国家利益的安全吗？从大趋势看，美国霸权地位的衰落是必然的，其原因不是中国要挑战和替代美国，而是世界发展的规律。美国霸权衰落与美国衰落不能画等号，尽管在很长时间内，美国仍然是一个在很多领域都具有优势的国家，但美国的霸权是一个由多种因素促成的历史现象，不可能永久保持。美国只有接受地位变化的事实，学会与其他国家，包括崛起大国共处，以共同安全、合作安全理念为导向，合力共建更加均衡的关系与机制，才可以使自己变得更加安全。

欧洲国家在经历两次世界大战之后终于明白，只从自身出发的安全定位、设计与行动并不能确保自身的安全。于是，在一些国家的带领下，欧洲走向了共同安全、合作安全的道路，通过构建区域合作机制，把各方纳入一个共同参与的区域组织，让各方参与制定并且遵守共同的法律和规约，实现了欧盟组织内部的共同与可持续安全，随着欧洲联合规模的扩大，这样的共同安全机制涵盖了多数欧洲国家。欧盟的安全构建表明，采取正确的安全定位、设计和行动，“安全悖论”就不会出现。东南亚国家构建共同安全、合作安全的实践也证明了这一点。东南亚国家之间存在很大的差别，相互间矛盾和冲突很多，有历史的，也有现实的，各国受到来自多方面的安全威胁，为此发生过战争。通过建立东盟，制定共守公约（如《东南亚友好合作条约》），实现了东南亚国家间的共同安全，使一个充满动乱的地区变成一个稳定、和平与发展的地区。在复杂外部环境下，东盟坚守“东盟为中心”的立场，也是出于不参与他者的竞争，合力维护东南亚地区安全的大局。

在疫情冲击和中美战略竞争背景下，安全被越来越多地置入经济的范畴，经济安全、发展安全被赋予更多的含义，成为被政治化、被泛化的议题。比如产业分工所形成的供应链，主要是由企业根据自身和相互间的利益共同打造的，其安全性是建立在相互信任、尽责守规的市场运营基础上的。在疫情冲击下，各国采取闭守应对与治理的措施，导致供应链断裂。面对这种情况，政府和部分企业得出了回归本土、缩短供应链更安全的认定。这样的安全认定会产生与认定相悖的安全悖论，即认定的安全定位和措施并不能保证企业经营的安全。在现代生产体系里，企业依靠自身、小圈子以及国内市场难以实现融资、研发、生产与销售的安全运营，合理的分工和在市场开放情况下构建基于互补优势的供应链，不仅能使企业经营更有效益，而且更能保障企业的安全运营，没有了合理分工下的供应链，企业就会面临停业的危险。在战略竞争的思维导向下，供应链安全被嵌入更多的政治因素。政府以国家安全的名义，中断与被认为是竞争者、挑战者之间的联系链条，如果没有很好的替代选择，企业的经营必然变得更不安全，甚至会面临破产倒闭的风险。经济安全的认定与设计也是如此，以国家安全的名义封堵技术研发合作、商品交换、外来投资，甚至人员流动，势必影响国家的资源有效配置和利用，使得综合竞争力下降，从长期发展来看，会使国家变得更不安全。

如今，世界新的发展提出许多新的安全议题。比如，在全球化时代，越来越多的方面相互连接得更紧密，相互依赖性更强。尽管开放会带来诸多冲击，对国家、社会、企业、个人的安全产生不利的影响，但是限制开放或者自主闭关就能变得安全吗？按理说，开放下的安全问题只能用开放环境下的办法来应对和解决，一方面可以使得认知、谋划和措施更有针对性，另一方面可以更好地考虑安全的相互关联性和共同性。就像意识形态、文化的开放所带来的安全问题，用封闭的办法只能让自身变得更脆弱，经不起风吹浪打，只有在开放互通中，通过互学互鉴、比较竞争，才可强身健体，更好地应对来自各个方面的挑战和威胁。当然，这并不是说在相互交往中不存在恶意危害安全的行为，不需要在提升能力上有所作为。安全是相对的，不是绝对的，安全是在应对各种不安全中逐步实现的。从这个角度说，把绝对安全作为一个设定目标，本身就是一种“谬误悖论”。

安全的多元性、安全威胁的多样性等，都使得安全悖论的问题更容易出现，因此，无论是在国家间安全关系上，还是在国内安全构建上，“安全悖论”议题都值得认真思考和深入研究。

从小笠原群岛施政权返还看日本对美领土交涉的策略*

李若愚**

摘　要　《开罗宣言》《波茨坦公告》对日本领土的规定是战后国际秩序的重要组成部分。一旦突破上述限制，便意味着日本距摆脱战败国标签的目标又近了一步。因此，日本在战后一直积极主动地寻求领土问题的解决。对日本来说，奄美问题、小笠原问题乃至琉球问题是一个整体，三者虽然是渐进式解决的，日本政策的逻辑性却贯彻始终。美国将奄美群岛施政权返还使日本确信美国并非战后国际秩序的坚定捍卫者，而通过小笠原群岛施政权返还，日本则再次确认建立遏制社会主义阵营向太平洋发展的岛链才是美国掌握托管岛屿之目的。在日美军事同盟的框架下，只要美国的战略需求得到满足，《旧金山和约》

* 基金项目：国家社科基金青年项目“第二次世界大战结束以来的日本领土问题研究”（16CSS018）；江苏省重点高端智库课题“日本学者对和平学的认知：危机时代的和平学”（19YJY011）。

** 李若愚，四川大学历史文化学院副研究员，四川师范大学日韩研究院客座研究员。

第三条所规定之岛屿的相关权利乃至战后国际秩序对美国来说都是可以谈判的筹码。上述经验对日本之后的对美领土交涉策略至关重要。

关键词 战后国际秩序；小笠原群岛；日美谈判

《开罗宣言》《波茨坦公告》对日本战后领土进行的规定是战后国际秩序的重要组成部分。而奄美群岛、小笠原群岛与琉球群岛施政权的返还则是日本对美谈判，迭次突破战后国际秩序限制的重要步骤。奄美群岛施政权的返还，使日本方面确认了媾和实现后美国将不再坚持原有的国际秩序，开创了日本通过谈判解决战后领土问题的模式。然而，1953 年的奄美群岛施政权返还，毕竟与 1972 年琉球群岛施政权的返还相隔久远，所以，其与近年成为学界关注热点的琉球问题联系的紧密程度，终究不及作为中间环节的 1968 年小笠原群岛施政权的返还。

遗憾的是，小笠原群岛施政权的返还问题，在国内还是一个冷僻的研究领域，关于此问题的专论仅有李若愚的《和平手段掩盖下的领土扩张：日本外交中的“小笠原问题”》与崔修竹的《美日返还小笠原群岛施政权谈判中的核武器问题》两篇。而在日本，对小笠原群岛的研究虽非显学，却有“小笠原研究委员会”及其主办的《小笠原研究》这样的专业阵地。显然，国内学界对小笠原群岛的研究还有进一步拓展的空间。

一、小笠原问题的由来

奄美群岛虽然在历史上属于琉球王国，但奄美群岛施政权返还与琉球群岛施政权返还相比还是具有相对的独立性。反而是无论在历史上还是地理上都与琉球群岛无关的小笠原群岛施政权返还与琉球群岛施政权返还的联系更为紧密。为了准确定义“小笠原问题”，首先需要明晰小笠原群岛成为日本领土的经过。

小笠原群岛①成为日本领土是在明治初期。虽然早在江户时代就已经知道小笠原群岛的存在，但真正对当地实施有效管理还是要到日本对于国际法有了清晰认识的明治维新以后。1875 年 10 月，明治政府命令日本外务省会同海军省、大藏省、内务省商议派遣人员进驻小笠原群岛事宜。这一情况也在第一时间通过外交渠道告知了美国和英国的驻日使节。实际上在这之前小笠原群岛上已经有美国移民居住。美国驻日本公使德朗（Charles E. DeLong）之前曾收到移民到小笠原岛的美裔居民的求助。因此，德朗特地致信时任国务卿费什（Hamilton Fish）询问：“在此以前我国政府是否已公开宣布拥有对小笠原群岛的主权？如果该岛之前属于合众国领土，那现

① 小笠原群岛由 30 多个岛屿组成，其中仅最大岛屿父岛与母岛常年有人居住。当地政府公布的数据显示，2020 年小笠原群岛常驻居民仅 2629 人（父岛 2173 人，母岛 456 人）。参见小笠原村网站，https://www.vill.ogasawara.tokyo.jp/outline/#:~:text=。

在是否要承认日本对于当地的领土主张?”[①] 费什回答:“尽管佩里(Matthew Calbraith Perry)曾宣布小笠原群岛是美国的领土,然而国会并没有正式批准此事。所以美国政府不准备对岛上的移民予以帮助。”[②] 德朗把国务卿的回函转交给时任日本外务卿副岛种臣,以此来阐明前述美方在小笠原问题上的态度。美国退出竞争后,小笠原群岛主权的竞争者就只剩下日本和英国。有学者据此推测:美国有意造成日英两国围绕小笠原群岛产生冲突的局面,因此才会选择退出。[③]

英国在收到上述日本对小笠原派遣官员的通知以后,当即对日本主张的合法性提出疑问,并且要求日本为本国的领土主张提供相应的依据。英国公使巴夏礼(Harry S. Parkes)在1875年11月2日与11月5日两度与在10月28日刚刚上任的外务卿寺岛宗则举行了会谈。面对日本政府所给出的“证据”,巴夏礼认为即便小笠原群岛与日本相距最近,但这不成为其归属日本的依据。如果只以距离论归属,与琉球最近的莫过于中国,那么琉球就是中国的领土了?寺岛宗则又称日本国已经履行了相关手续,10年前向小笠原群岛派遣了官员。巴夏礼也未被这个理由说服。他说不止日本,美国、俄

---

① “Letter from C. E. DeLong to Secretary of State Hamilton Fish (April 23, 1873),” Papers Relating to the Foreign Relations of the United States, Transmitted to Congress, with the Annual Message of the President, December 7, 1874 (Washington: Government Printing Office, 1974), p. 635.

② “Letter from Secretary of State Fish to Mr. DeLong May 311873,” Papers Relating to the Foreign Relations of the United States, Transmitted to Congress, with the Annual Message of the President, December 7, 1874, Washington: Government Printing Office.

③ 田中弘之:《幕末的小笠原——因欧美捕鲸船而繁荣的绿之岛》,中央公论社,1997,第1页。

国和英国都向该岛派遣了官吏。最后寺岛只好说日本是最后派遣官吏的国家，并且日本古时就存在近海有此岛的传说，如今为了日本之国益，不得不做此主张。巴夏礼并不谅解日本的这番“苦衷”，他警告日本说除英国外必有国家对此群岛归属表示异议。[①] 对彼此意图有所了解的日英两国随后展开了一场“赛艇竞速”。11 月 10 日，日方获悉“英国军舰将不日赶往彼地”。[②] 11 月 21 日，日本方调查团乘坐的明治丸从横滨出发，一天后英国军舰鹬号（H. M. S. Curlew）同样自横滨出港。由于明治丸是一艘新船，在速度上有优势，该舰于 24 日就抵达了父岛港，比鹬号早了两天的时间，从而使日方在对小笠原群岛主权的争夺上获得了优势。[③]

事已至此，英美等国便没有再就小笠原群岛的主权问题向日方提出异议。在此之后，日本顺利地完成了将小笠原群岛编入日本行政体系的相关手续。首批移居父岛的日本移民共有 37 人。内务省获得小笠原群岛的管辖权后将办事处设在了扇浦。在这一切顺利过渡之后，1880 年 10 月 8 日，小笠原群岛成为东京府的一部分。东京府派驻父岛的办事处于 1880 年 10 月 28 日开始对外办公。在这个办事处的领导下，小笠原群岛在 1882 年开设议会，议员的定额为 15 人。1886 年 11 月 4 日，东京府派驻父岛的办事处更名为“小笠原

① 《关于向小笠原岛派遣日本官员及同岛所属问题的报告》，《日本外交文书》第 8 卷，第 362—363 页，外务省网站，https://www.mofa.go.jp/mofaj/annai/honsho/shiryo/archives/8.html。

② 《对英国军舰近日启航前往小笠原岛的应对事宜》，《日本外交文书》第 8 卷，第 365 页，外务省网站，https://www.mofa.go.jp/mofaj/annai/honsho/shiryo/archives/8.html。

③ 《关于小笠原岛直辖及将诸规则通知该岛之事宜》，《日本外交文书》第 9 卷，第 505 页，外务省网站，https://www.mofa.go.jp/mofaj/annai/honsho/shiryo/archives/9.html。

岛厅”，“岛长”则由东京府直接任命。群岛上各个村的官吏实现“公选”则要到1891年的5月。火山列岛也在同年被划归小笠原岛厅管辖。及至南鸟岛在1893年被列入小笠原岛厅管辖范围之后，该厅所辖范围已经与今日行政意义上的小笠原地区之规模基本相当。“郡制”在1926年遭到废除，日本全国的地方自治体重新整编。在这次整编中，小笠原岛厅被更名为“小笠原支厅”。在多年的积极经营之后，这个群岛上的各项事业终于步入正轨。然而，不久之后第二次世界大战爆发，这个边陲群岛的境遇随之发生了巨变。

二、日本在小笠原群岛施政权返还问题上的初步尝试

二战期间，处在地理要冲的小笠原群岛对于日美双方都具有很高的战略价值。纵观太平洋战争的历史，硫磺岛都是最惨烈的战场之一。基于小笠原群岛的重要战略意义，美军在二战后便在小笠原群岛建立了军事基地。这样一来，小笠原群岛便和琉球群岛同样被美国置于自身管理之下。

为了完成与日媾和的准备工作，美国国务卿杜勒斯在1951年赴日访问。当时的日本首相吉田茂围绕领土问题向杜勒斯表达了如下四点期待。

1. 待美国“托管”结束后，日本应重新获得小笠原群岛和琉球群岛；

2. 当地居民的日本国籍应予以保留；

3. 日美应在这一地区共同施政；

4. 在战争中和战后离开小笠原群岛的八千名当地居民希望返回家园的愿望应被批准。①

由于杜勒斯在这次访日前并没有得到就领土进行谈判的授权，因此，他在与吉田茂的谈话中表现得相当强硬："日本不应该幻想美国会归还小笠原群岛和琉球群岛。"② 之后出任美国驻日大使的艾利森（John M. Allison）回忆称，杜勒斯一行对日本如此执着于领土问题的解决感到吃惊。"日本政府在琉球群岛与小笠原群岛问题上的决绝态度令我们颇为震惊。虽然我们无权回应这种要求，不过或许杜勒斯就是在那时想到以'剩余主权'③ 的方式来处理日本领土问题的。"④ 事情的发展正如艾利森所说，之后的旧金山和会通过了美国对小笠原群岛和琉球群岛进行"托管"的方案。"托管"本身就意味着美国并不打算谋取对小笠原群岛和琉球群岛的主权。换言之，这也是对日本潜在权利的一种隐晦的承认。但无论杜勒斯个人

---

① "Undated Memorandum on Suggested Agenda by the Prime Minister of Japan," *Foreign Relations of the United States: Diplomatic Papers*, 1951, pp. 833-835.

② "Minutes-Dulles Mission Staff Meeting, February 1, 1951, 10: 00 a. m. ," *Foreign Relations of the United States: Diplomatic Papers*, 1951, pp. 835-838.

③ 剩余主权（residual sovereignty）是杜勒斯为构建美国对相关岛屿统治的合法性而创造的概念，简言之就是使美国得以在回避主权归属问题的基础上达成实际统治的目标。近年来，琉球问题引发了国内学者对"剩余主权"的深度关注，代表性成果有罗欢欣的《琉球问题所涉"剩余主权"论的历史与法律考察》（《日本学刊》2014 年第 4 期）等。

④ John M. Allison, *Ambassador from the Prairie of Allison Wonderland* (Boston: Houghton Mifflin Co. , 1973), p. 157.

当时在小笠原问题上的态度如何，小笠原群岛回归日本的障碍仍是《旧金山和约》第三条："日本同意美国对北纬29度以南之'西南诸岛'（含琉球群岛、大东群岛），孀妇岩南之南方各岛（含小笠原群岛、西之岛与火山群岛），冲之鸟岛以及南鸟岛等地送交联合国之信托统治制度提议。在此提案获得通过之前，美国对上述地区、所属居民与所属海域得拥有实施行政、立法、司法之权力。"[①]

旧金山和会结束之后，美国把日台"建交"视作阻止共产主义阵营在东亚扩大的妙招。为了实现这一计划，杜勒斯再度出访日本。日本外务省为吉田茂与杜勒斯会见准备的材料中就涉及领土问题。材料提出："通过和平条约，西南各岛作为日本领土得以继续保留，日方对此深表感谢。我方也理解美国为了维持远东的和平而必须在军事上维持对该地占领的立场。但也希望美方能在军事条件允许的前提下，尽可能地回应当地居民的愿望。"[②] 虽然在总则的部分，日本对美国大加赞赏，但是在附件的细则里日本却是寸步不让，尽可能地提出了自己的主张：（1）在日本保留南方各岛[③]主权的情况下，希望美国不要变更当地居民的国籍；（2）在军事条件许可的前提下，希望美方能尊重日本在南方各岛迁徙、旅行、贸易等

---

① 《旧金山和约》，参见外务省编《日本外交文书：旧金山和约的签署与生效》，第146页，https://www.mofa.go.jp/mofaj/ms/da/page25_001058.html。

② 《吉田首相会见杜勒斯的谈话参考——关于西南诸岛问题》，参见外务省编《日本外交文书：旧金山和约的签署与生效》，第302页，https://www.mofa.go.jp/mofaj/ms/da/page25_001058.html。

③ 南方各岛是日美谈判中创造出的概念，此时的南方各岛包括冲绳在内，与1968年签订的《日本与美国关于南方诸岛及其他岛屿的协定》中的限于小笠原群岛的南方诸岛有所不同。

方面的权利；（3）日本与第三国签订的关于社会、经济、文化上的条约也应适用于南方各岛；（4）美方作为该岛的统治者也应尊重该岛原有的当地法规；（5）美国应承认现移居日本本土的岛民在当地的财产权；（6）与以上无关，希望美国能把“与军事无关的岛屿”[①] 的行政、立法、司法权交由日本行使。[②] 收到日方的提案后，杜勒斯表示愿意予以考虑。然而由于美国军方的强烈反对，以及安保体制中日美两国地位实际上的不对等，小笠原群岛及琉球群岛施政权返还的契机一直等到20世纪60年代才出现。

对日本来说，虽然有了奄美群岛施政权返还的先例，但奄美返还模式中很重要的一点就是日本政府对当地民众返还运动的推波助澜。而民众对占领的抵制又是促使美国最终放弃奄美群岛施政权的重要因素。小笠原群岛与奄美、琉球群岛最大的不同就在于当地几乎没有平民居住。小笠原群岛原非无人岛，只是到战争末期日本已将大部分当地居民撤走，剩余的居民也由于美国占领该岛后实施的完全军事化措施而被勒令离岛。只有一些早已取得日本国籍的欧美系移民的后裔，在战争刚刚结束时通过当时在东京盟军总司令部任职的约翰逊（Ural Alexis Johnson）向盟军总司令部提出希望回到父岛，而被破例允许在小笠原群岛居住。[③] 但他们抵达小笠原群岛后

① 当时美国在琉球群岛中的冲绳岛、伊江岛和小笠原群岛中的硫磺岛建立了军事设施。根据日本的立场，其余地方皆可视为“与军事无关的岛屿”。

② 《关于与南方各岛相关的实际措施》，外务省编《日本外交文书：旧金山和约的签署与生效》，第326—328页，https://www.mofa.go.jp/mofaj/ms/da/page25_001058.html。

③ 亚历克西斯·约翰逊：《约翰大使的日本回忆：从二二六事件到冲绳返还与尼克松冲击》，草思社，1989，第164页。

就处于几乎与外界“失联”的状态，即便偶尔被允许回到东京，也要接受当地美军的严格监督。所以日本在正式力推小笠原群岛施政权的返还以前，率先启动的是“小笠原群岛居民返乡”的议题。

早在1952年3月5日，民间团体“小笠原返乡促进联盟”向外务大臣提交了请愿书，相同的请愿书同时也被寄到了盟军总司令部。信中要求各方顾念小笠原群岛原居民今时的悲惨处境，对他们返乡的愿望给予理解。6月23日，美国驻日大使墨菲（Robert Daniel Murphy）将这一书信转给了华盛顿，希望他们予以考虑。日本驻美国大使新木荣吉也同时向美国提出了相同的请求。1954年2月18日，日本外务省就“小笠原群岛居民返乡”问题向代理日本驻美大使的武内龙次发出训令，作为对美交涉的方案：

1. 作为第一步，将归岛地点限定在没有美军军事设施的岛屿上，暂时允许1000人进行试验归岛；

2. 在归岛者的选择上，选择归岛后能够自食其力的归岛者；

3. 日本政府除了承担归岛者的运输费外，对归岛后的住宅建设、生计以及一定时期的生活所需资金也将予以关照；

4. 日本政府根据此次试验归岛的结果，进一步考虑其他人员的归岛，为早日实现归岛达成协议。[1]

日本的建议最终被美国军方以“美国承担了防卫日本的责任，将小笠原群岛完全军事化可以更好地履行这种责任”为由加以拒绝。但我们可以看到，此时主导“小笠原群岛居民返乡”的并不是作为民间团体的“小笠原返乡促进联盟”，日本政府已经高度介入其中。从奄美群岛的经验看，笔者更倾向于将之作为日本在领土问题上的一种策略来加以理解。

日本在奄美群岛复归中学到的另一条经验，就是利用冷战中的苏联因素来倒逼美国。1964 年 6 月 30 日，防卫厅长官福田笃泰在华盛顿访问时，与美国国防部长麦克纳马拉（Robert Strange McNamara）就东亚的安全形势交换意见，福田笃泰提出：“苏联已经在 1963 年 9 月同意了过去的日本居民前往现被其占据的北方领土扫墓，中国也已经允许日本的战争遗属到中国扫墓。日本也期待美方在允许小笠原群岛过去的居民返乡扫墓上释放善意。”[2] 1965 年 1 月 12 日，佐藤荣作第一次以日本首相身份访美，他在与美国总统林登·约翰逊的会谈中再次提及此事，并取得了意想不到的满意答复。用佐藤自己的话说：“事情进展得如此顺利，让我也大吃一惊。”[3] 在 1 月 13 日发表的《日美联合声明》中，约翰逊总统正式

---

① 外务省亚洲局第五课：《围绕小笠原岛原住民返岛问题对美折冲之经过概要》，外务省外交史料馆藏，1954 年 12 月 27 日。

② “Memorandum of Conversation, Washington, June 30, 1964, 9: 45 - 10: 15 a. m.,” *Foreign Relations of the United States: Diplomatic Papers*, 1964–1968, Vol. 29, p. 22.

③ 佐藤荣作：《佐藤荣作日记》第 2 卷，朝日新闻社，1998，第 222—223 页。

承诺，将积极考虑小笠原群岛以前居民的代表团返乡为祖先扫墓事宜。[①] 日本学者真崎翔认为：“很明显，这份联合宣言具有向国内外展示日美同盟强化及日美友好关系的意图。如果能够以小笠原扫墓为交换，排除苏联和中国的政治影响，对美国来说，这将是一笔成本极低的交易。”[②] 但在笔者看来，日本在领土问题上的图谋又何止于此。“小笠原群岛居民返乡”不过是“小笠原群岛施政权返还”在布局阶段的权宜之计而已。其实 1965 年 1 月 13 日的《日美联合声明》同时也写道：“日本首相和美国总统一致认为，美国在琉球群岛和小笠原群岛的军事设施对远东安全至关重要。日本首相表示，希望尽快将这些岛屿的施政权归还日本，并对琉球群岛居民自治权的扩大和福祉水平的进一步提高深表关切。美国总统对日本政府和人民收回琉球群岛和小笠原群岛施政权的愿望表示理解，并表示在自由世界于远东的安全利益允许的条件下，期待这一愿望得以实现。”[③] 从中也可看出，小笠原问题和琉球问题已经紧密地关联在一起了。

---

① “Joint Statement Following Meetings with the Prime Minister of Japan, January 13, 1965,” 载细谷千博、石井修编《日美关系资料集 1945—1997》，东京大学出版会，1999，第 627 页。

② 真崎翔：《美国国务院与军方围绕小笠原群岛占领与返还的对立》，《小笠原研究》2013 年第 40 卷，第 11 页。

③ “Joint Statement Following Meetings with the Prime Minister of Japan, January 13, 1965,” 载细谷千博、石井修编《日美关系资料集 1945—1997》，东京大学出版会，1999，第 627 页。

三、小笠原群岛施政权返还作为琉球群岛施政权返还的试验

1955年以来的经济高速成长重塑了战后的日本。1960年签订《日美共同合作及安全保障条约》以及日本发展为经济大国，为日本带来了更大的战略选择空间，同时也意味着日本在未来可能出现更多变数。至少美国是这样认为的。美国中央情报局1960年4月的一份秘密报告提出：《日美共同合作及安全保障条约》有“在本条约生效十年后，缔约国的任何一方都可以把它想要废除本条约的意图通知另一方，在那种情况下，本条约在上述通知发出以后一年即告失效”的条款。所以，以社会党为首的日本左翼政党很可能会瞄准1970年新一轮修订条约的窗口，在1965年到1970年实施拆解日美同盟的计划。① 因此，在20世纪60年代初期，日本外交很重要的课题就是设法打消美国对日本脱离西方阵营的疑虑。因为日本无论是奉行超脱于美苏之外的中立主义路线还是干脆倒向共产主义都是美国难以接受的。池田勇人在众议院答辩时特别强调：“理解美国对日本走上中立主义路线的担忧，然而中立主义只是‘幻想’，日本是西方阵营的一员。”② 然而从上述担忧中也可以看到美国对于新的经济大国日本已经有所顾忌，这无疑有利于日本在领土问题上进

---

① 新原昭治编《美国政府安保外交秘密文件》，新日本出版社，1990，第189页。

② 《第36届国会众议院正式会议 第3号 昭和35年10月21日》，日本国会议事记录检索系统，https://kokkai.ndl.go.jp/#/detail?minId=103605254X00319601021&current=1。

行下一步操作。“60年代以来，对于给日美关系造成恶劣影响的‘小笠原问题’不能再置之不理，这在关注日美关系的相关人士中已经形成了广泛的共识。”① 出于上述缘由，1966年开始履新的美国驻日大使约翰逊，将调整两国关系作为一项优先的工作。上任之初，他便明言：“目前美日关系尚不成熟，仍然处于相对不平等之状态。日本业已成为新兴的具有国际影响力的国家，但这种地位并未在当前的美日关系中得到体现。为了适应美国国内与国际环境的转变，我将把改善美日关系作为本人任内的主要工作，而我的工作重点便在安全保障和经济领域合作两个领域。”②

日本政府对约翰逊释放出的信号高度敏感，也随之转变方针，把领土问题作为对美谈判的核心议题。外务省北美局北美课的枝村纯郎课长在1967年5月下旬将日本外相三木武夫对小笠原群岛与琉球问题的关切传达给驻美的前方使馆时指出，小笠原问题与琉球问题是未来日美关系中紧要关节的所在。由于当时还处于越战期间，要求美国在短期内返还已成为越战后勤基地的冲绳显然不合时宜。而与冲绳相比，小笠原群岛上的美军军事设施则要少得多。因此日本政府认为小笠原群岛可以成为打破领土问题僵局的契机。在5月23日的参议院预算委员会答辩过程中，三木外相说道：“关于小笠原群岛问题，该岛上虽然也有美军建设的军事设施，但数量上是无

① 埃尔德里奇：《小笠原与日美关系：1945—1968年》，载达尼埃尔·朗编《小笠原学入门》，南方新社，2002，第264页。

② 亚历克西斯·约翰逊：《约翰大使的日本回忆：从二二六事件到冲绳返还与尼克松冲击》，草思社，1989，第119页。

法与冲绳相比的，这一点毋庸置疑。因此我国政府应该在这一问题上多下功夫，把小笠原群岛施政权的返还作为解决领土问题的突破口。”[①] 反观美国，他们认为就小笠原群岛问题与日本政府交涉，将成为未来解决琉球问题可资参考的经验，因此他们并不排斥与日本展开谈判。

三木武夫与约翰逊大使于 1967 年 7 月 15 日以秘密会议的形式尝试解决小笠原群岛问题。日美两国达成如下共识：两国政府应在共同维护远东地区和平与稳定的基础上，保持友好关系。为进一步增进日美友谊，双方应共同致力于探索最终解决琉球群岛和小笠原群岛问题的方案。“美国可以通过归还小笠原群岛的施政权向日方展现善意。美国在未来归还琉球群岛施政权将进一步增强日本国民对美国的信赖程度”。[②] 其实美方早已就相关问题进行过多次内部讨论。美国国防部长办公室政策企划部长霍尔珀林（Morton Halperin）在 1967 年 5 月曾建议国防部副部长麦克诺顿（John T. McNaughton）：美国应该在 20 世纪 70 年代前促成琉球群岛和小笠原群岛的返还计划。虽然担心失去远东基地的美国军方并不同意上述主张，但国务院认为，如果解决了这个美日关系中主要障碍的领土问题，日本就会在地区安全问题上分担更多的责任。

1967 年 11 月日本首相佐藤荣作访美对于小笠原群岛施政权的

① 《第 55 届国会参议院预算委员会第二分科会　第 2 号　昭和 42 年 5 月 23 日》，日本国会议事记录检索系统，https://kokkai.ndl.go.jp/#/detail?minId=105515272X00219670523&current=2。

② 埃尔德里奇：《小笠原与日美关系：1945—1968 年》，载达尼埃尔·朗编《小笠原学入门》，南方新社，2002，第 390 页。

返还起到了决定性的作用。就在行前的10月21日，日本外务省专门制作了《关于小笠原群岛施政权返还的备忘录》，为首相设计了关于小笠原问题的基本方案。《关于小笠原群岛施政权返还的备忘录》主要内容如下。

1. 我们深知，美国直到今天仍保有琉球群岛、小笠原群岛的施政权的唯一原因是保障包括我国在内的自由世界在远东的安全利益。因此，正如7月15日的备忘录所述，日本政府自《旧金山和约》签署以来，始终信赖美国在琉球问题及小笠原问题上的善意，并向日本国民呼吁应在日美友好关系框架内解决问题……美国政府归还小笠原施政权的决定，必然受到日本人民的欢迎。这将被认为是美国诚意的佐证。而且，这一决定将进一步增强日本国民对冲绳问题也能在美日友好关系框架内得到解决的信心。

2. 美国多次表明，希望“自由世界在远东的安全利益能够允许日本恢复对这些岛屿的施政权”，但如果小笠原群岛施政权的返还不能在短期内实现，在日本人民的眼中美国的态度与做法就是表里不一的。到了那时，日本政府也就难以说服国民继续相信：在日美互信的框架内寻求解决冲绳问题是最好的选择。

3. 1953年8月8日，杜勒斯国务卿在返还奄美群岛施政权的声明中提出：只要远东局势持续紧张，美国就必须保留对《旧金山和约》第三条提到的对日本相关岛屿进行管理的权利。这一说法当时在日本国内酿成了很大的不满。所以，日方期待美方能在这次返还小笠原群岛施政权的声明中提及美方有意返还琉球群岛施政权。这样，日本政府在向国民说明返还小笠原群岛施政权是美国诚意的实证时，就会比返还奄美群岛施政权那次要可信得多。

…………

5. 在军事方面，日本政府愿意就允许美国在《日美共同合作及安全保障条约》下保留在小笠原群岛的必要军事设施及其细节与美方展开磋商。另外，日本政府考虑将小笠原群岛用作自卫队的舰艇和航空基地，以确保我国海上运输线的安全。我相信，这将有助于加强自由阵营在这一海域的防御态势。有关这方面的具体计划，将另行通报美方。①

《关于小笠原群岛施政权返还的备忘录》中的很多说法都直接体现在佐藤访美后的《日美联合声明》之中。“美国总统和日本首相共同探讨了小笠原群岛的地位，以两国在安全保障上的共同利益为基础，就归还小笠原群岛的施政权达成了一致……为了保障双方共同的安全，双方同意美国在小笠原群岛上继续保留必要的军事设

① 外务省：《关于小笠原返还的备忘录》，转引自尾曲巧：《小笠原返还》，《鹿儿岛纯心女子大学国际人类学部纪要》2011 年第 17 卷，第 97 页。

施。（佐藤）首相认为，小笠原群岛施政权的返还不仅将为加深两国关系作出贡献，更使日本对未来琉球群岛施政权的返还充满了信心”。[1] 在双方首脑达成共识后，接下来的交涉就进入了协商具体细则的阶段。此时横亘在日美之间的就是美国在小笠原群岛部署核武器的问题。

基于 1953 年 10 月 30 日出台的《国家安全基本政策》（NSC162/2），[2] 美国至少在 20 世纪 50 年代就已经在小笠原群岛部署了核武器，美军的这一部署是“大规模报复战略”在远东的体现。“按照杜勒斯的说法，为了遏制冷战对手的挑战，美国必须明确表示实施‘大规模报复’的决心，使潜在的对手不至于误判美国的实力及其确定性……艾森豪威尔政府的大规模报复战略虽然吸收了杜勒斯的‘报复—威慑’思想，但它明显过分倚重于美国的核优势。”[3] 在小笠原群岛部署核武器也是这种核威慑手段的一环。根据供职于日本东京都立大学的学者丹尼尔·朗（Daniel Long）的研究，自 1956 年起，美国在小笠原群岛中的父岛和硫磺岛都部署过核弹头及核武器相关配件。[4] “美国国务院也不反对在小笠原群岛和火山列岛部署少量核武器。他们只是要求在小笠原群岛部署核武器不会妨碍旧岛民

---

① 外务省：《佐藤荣作首相与林登·约翰逊总统在 1967 年 2 月 14—15 日会谈后发表的联合公报》，《我国外交的近况 1968 年》第 12 号，https://www.mofa.go.jp/mofaj/gaiko/bluebook/1968/s43-contents.htm。

② U.S. Department of State, *Foreign Relations of the United States:* 1952-1954, Vol. 2, 1984.

③ 石斌：《20 世纪 50 年代美国政府关于核报复战略的内部争论》，《史学月刊》2004 年第 11 期，第 88 页。

④ Robert S. Norris, et al, “Where They Were: How Much Did Japan Know?” *The Bulletin of the Atomic Scientists* 56 (January 2000), p. 11.

将来返回岛屿，并应在部署核武器之前向国务院报告”。[①] 与小笠原群岛一样，美军在冲绳也部署有核武器。日美两方围绕小笠原群岛核武器的博弈，也是未来对冲绳核武器交涉的一个预演。“冲绳等基地很明显部署了核武器，是支持美国核威慑战略的典型基地。但是，小笠原基地的核部署则是秘密进行的”。[②] 不过小笠原基地部署核武的秘密性质也为日美两国通过“密约”来解决相关问题提供了便利。实际上，日美在 1960 年签署《日美共同合作及安全保障条约》时已经为“密约”留下了口子。条约第六条规定：“关于上述设施和地区的使用以及美国驻日武装部队的地位，应由另一项代替 1952 年 2 月 28 日根据《美日安全保障条约》第三条在东京签订并经修改的《日美行政协定》，以及两国可能商定的其他安排加以规定。”关于这一条日美双方在当天交换过一份补充文件。文件规定：“美国在日本军事部署上的重大变更可以用事先协商的方式来完成。”[③] 在冲绳和小笠原群岛部署核武器自然属于这种可以通过事先协商方式来完成的重大变更之列。

日本首相佐藤访美结束一个月后的 1967 年 12 月 26 日，时任美国国务卿腊斯克指示驻日大使约翰逊同日方协商小笠原群岛施政权返还之具体办法。双方最初的会谈非常顺利，但一旦涉及核武器储

---

① 山田浩：《核遏制战略的历史与理论》，法律文化社，1979，第 83 页。

② 真崎翔：《被纳入到美国核战略中的小笠原群岛》，《同志社美国研究》2014 年第 50 卷，第 47 页。

③ 《关于条约第六条实施的交换公文》，载细谷千博、石井修编《日美关系资料集 1945—1997》，东京大学出版会，1999，第 465 页。

备问题，意见分歧就显现出来。日本作为世界上唯一经历了核打击的国家，其民众对核武器的抵触情绪极为严重。日本首相佐藤荣作又刚刚在国会提出了“不拥有、不制造、不运进核武器”的无核三原则。因此，佐藤政府很难接受美方提出的希望能在小笠原群岛上存放核武器的要求。三木武夫外相明确指出：“在这一地区配置核武器关乎日本的国家利益。美国在此存放核武器的要求与目前的国内、国际形势都不相适应。美方提出的在必要时刻储存核武器的要求，不仅是小笠原群岛的问题，日本全国也都面临相同的情况。”三木非常担心因为文件外泄而影响施政权返还，希望不要在正式记录中保留相关内容。腊斯克对日本的顾虑也表示了理解，认为“不必拘泥于公文形式”，因此，日美双方最后的协议是以口头约定的方式来完成的。三木武夫外相与约翰逊大使在1968年3月21日达成的口头约定主要内容如下：美国大使提出，一旦美方认为到了有必要在小笠原群岛和火山列岛存放核武器的紧急关头，美方将事先向日方提出要求。美方也期待日方能以善意来回应这种旨在维护地区稳定的要求。日本外相认为，针对美军的部署问题，1960年1月签署的《日美共同合作及安全保障条约》第六条提及应由“两国可能商定的其他安排加以规定”，而大使提出的情况就属于上述条款的适用范围，现阶段日本在原则上同意予以积极回应。[①] 于是双方在上述关键问题上的矛盾得以化解，这为日美双方最终达成

① Telegram 6698 from Embassy Tokyo to State Department, March 21, 1968, Country File Japan, Box 252, National Security Files, LBJ Library.

协议清除了障碍。

四、结语

就美国返还小笠原群岛施政权的意义，有学者指出："美日返还小笠原群岛施政权谈判，第一次提出了怎样在《美日共同合作及安全保障条约》框架下处理美国在紧急事态时期存储和使用核武器的问题。从 1969 年 11 月 19 日美国尼克松总统与日本佐藤首相秘密签署《关于联合声明的谅解议事录》（所谓'核密约'）的形成过程来看，就美国政府寻求在紧急事态时期存储和使用核武器、日本政府同意按照《美日共同合作及安全保障条约》的事前协商条款进行协商这一点而论，不能不说美日返还小笠原群岛施政权谈判关于核武器问题的处理方式确实成为处理琉球群岛核武器问题的'先例'。"[①] 笔者对此深表赞同。小笠原问题从来就不是日本在对美领土交涉上的终极目标，它更像是解决琉球问题的一个中转站。因此，日美关于返还小笠原群岛施政权的所有谈判几乎都涉及了琉球问题。

《日美安全保障条约》决定了日美军事同盟"美主日从"的基本结构，以致日本在日美领土交涉中主动的一面很容易被忽视。其实，即便是尚在美军占领期的 1947 年，时任日本外务大臣芦田均便

---

① 崔修竹：《美日返还小笠原群岛施政权谈判中的核武器问题》，《首都师范大学学报（社会科学版）》2020 年第 3 期，第 74 页。

已向美国提出，“虽然从经济上看，冲绳对于日本并非无比重要，但从国民感情的角度讲，日本人民希望美国能归还冲绳”。[①] 而当奄美群岛施政权返还谈判开始后，吉田茂首相又致信美国驻日大使艾利森，提出：“日本希望奄美群岛施政权的回归是琉球群岛完全管理权回归日本的第一步。”显然，日本对美领土谈判的最终目标一直是琉球群岛。对日本来说，小笠原问题依照本国期待的方式得以解决最大的启示在于摸准了美国在托管领土问题上的底牌，对于美国来说，小笠原群岛乃至琉球群岛不过是太平洋上的战略据点，美国的最高战略目标是建立起能遏制冷战中的社会主义阵营向太平洋发展的安全体系。所以，只要日本能充分融入这一体系，并在核武器部署、美军基地等一系列问题上满足美军的需要，那么掌控这些托管岛屿施政权对美国来说便不再具有很高的战略意义。尤其是 20 世纪 60 年代，苏联也在以领土问题为抓手拉拢日本。最为典型的就是 1967 年，时任苏联部长会议主席柯西金向到访的日本外相三木武夫提出：“两国不妨先制定一份中间文件，以最终过渡到缔结苏日和平条约。”[②] 此刻，美国必须在对日领土交涉中作出决断。

在一定意义上，小笠原群岛施政权的返还可以被视为日本对日美军事同盟体系下与美国相处模式的再确认。这也解释了日本为何至今在冲绳美军基地问题上仍然展示出一味妥协的姿态。

---

① 《朝日新闻》1947 年 6 月 7 日朝刊。

② 外务省欧亚局东欧课：《三木大臣与柯西金关于缔结日苏和平条约的会谈记录》，1967 年 9 月 6 日。

新兴国家的崛起路径与“修昔底德陷阱”规避探析

——基于权力架构与“对价交易”理论

于　镭*

摘　要　超级大国作为世界权力体系的缔造者和主导者，其首要目标就是维护全球权力体系的稳定，阻止新兴大国对现行体系的挑战和颠覆，以保持自身在全球权力体系中的既得政治、经济利益和至高无上的地位。出于维护自身在国际体系中的既得利益和地位的考量，新兴大国与超级大国在维护现存国际体系上存在重大的利益契合。新兴大国在崛起进程中面临来自多方面的巨大压力。国际关系理论中的“对价交易”理论表明，新兴大国在崛起进程中的崛起目标、方略及路径的主观表述是否合理，以及策略选择是否得当，对于新兴大国是否成功崛起发挥着重要作用。对于中国而言，遵循并用好这一理论的基本原则与策略，尽可能地与超级大国达成“对价交易”，可以避免

* 于镭，山东大学杰出中青年学者、教授，北京外国语大学客座教授。

其对中国和平发展的遏制和破坏。

关键词　权力体系；新兴大国；“修昔底德陷阱”；对价交易；和平崛起

一、问题的提出

英国工业革命后，世界首次出现现代意义上的全球性超级大国——大英帝国。伴随其在全球的开疆拓土和海外殖民地的建立，大英帝国建构了由其主导的世界殖民体系（Pax Britanica），这是人类历史上首次建构的覆盖全球地域的世界性权力体系。在此后漫长的岁月里，尽管帝国主义强国在世界殖民体系内交相兴替，如拿破仑时期的法国、一战前的德意志帝国、一战后的美国、二战前的德国和日本等，但它们均未能取代大英帝国，建构由自己主导的国际体系。这种局面在历史的必然性与偶然性交织中延续至第二次世界大战。早已是世界第一经济大国和制造业强国的美国凭借其强大的经济和军事力量，并借助惨烈的第二次世界大战，最终得以在战后取代英国，成为人类有史以来最为强大的超级大国，并建构了由其主导的“自由体系”（Pax Americana）。二战后，在美国主导的新的国际体系中也同样涌现出一些新兴大国，如苏联、二战后再次复兴的日本等。但是，这些曾经的新兴大国却未能像美国一样幸运地晋身为新的超级大国，并成功地塑造由其主导的国际体系。

英国建构的世界殖民体系和美国主导的“自由体系”究竟有何共性？而其他众多新兴大国为何不能最终“蝶化”为新的全球性超级大国并建构起新的国际体系？现实主义国际关系理论从不否认国际体系的主导者怀有非理性的冲动和充分的理性动机来遏制新兴大国的崛起，以遏阻后者对现行国际体系和秩序及其既得利益所构成的现实与潜在的威胁和挑战。排除其他诸如权力结构、大国制衡等现实主义理论要素，新兴大国在崛起进程中的目标设置、方略设计及其对上述问题的政策宣示等［新兴大国的“对价交易”（bargaining）要件］是否精准、合理，策略是否可行，从而使其崛起更易于被现行体系的主导者及体系内的其他既得利益者主动或被动地接受？在深入研究分析这些问题时，本文主要运用了西方主流的现实主义国际政治和国际关系理论中关于权力体系（Power System）、权力架构（Power Hierarchy）和原本属于经济学范畴的“对价交易”理论（Bargaining Theory）。在上述理论框架和实证分析的基础上，本文对中国“和平发展”的目标、策略和路径及其对外政策宣示展开“对价交易”式研究，并据此提供一些理论与政策性思考。

二、现实主义国际政治的权力体系和“对价交易”理论

国际政治的现实主义大师汉斯·摩根索在其经典著作《国家间

政治》（*Politics among Nations*）中一针见血地揭示了国际政治的本质："国际政治如同所有政治一样，都是对权力的争夺。不论国际政治的最终目标是什么，权力总是其最直接的目标。"① 无论是二战前英国主导的殖民体系，抑或二战后美国主导的自由体系，均建立在超级大国所拥有的、包括经济和军事实力等在内的"硬实力"和具有全球影响的文化"软实力"之上，并直接服务于超级大国对权力的争夺、垄断和护持。在英国和美国主导的国际体系中，世界各国主要因其自身的硬、软实力而决定其在体系中的权力和地位。依据"实力"这一现实主义国际政治的特质，国际体系中的成员国被自上而下地划分为超级大国（国际体系的主导者）、区域/中等强国（国际体系或地区次体系里的重要国家，国际体系的利益攸关者）和底层国家（国际体系和地区次体系里的弱国）。②

国际权力体系充满变数，最要害的莫过于国家的"硬实力"和"软实力"会随着时间的推移而此消彼长。超级大国的目标设置因而不可避免地首先设定为护持自身建构和主导的国际体系的现状与稳定，以及由此衍生的规则和以规则为基础的秩序。对上述各维度"现状"的护持就是保卫超级大国自身的权力和利益。鉴于此，包括美国在内的西方学者比较一致地认为，美国在21世纪的首要战略目标就是"遏制任何新兴大国对美国主导的国际体系，特别是亚太

① Morgenthau, H. J., *Politics among Nations* (New York: Knopf, 1966).

② Khan, Shamsul, "Middle Powers and the Dynamics of Power Shift," *Harvard Asian Quarterly* 14, no. 3 (2012): 52.

区域次体系可能构成的现实和潜在的挑战”。[①] 为此，超级大国往往凭借其无与伦比的“硬实力”和无出其右的“软实力”，并借助其构筑的军事和政治同盟体系，对新兴大国，特别是其“硬实力”迅速增长，并对自己构建的体系、秩序和地位已经或即将构成“挑战”的国家予以或明或暗的破坏、遏制，甚至公开打击和发动战争。

区域/中等强国视其力量，特别是依据“硬实力”的大小可分为“守成型区域强国”和“崛起型区域强国”。守成型区域强国通常会把与超级大国保持密切合作，甚至结为同盟，设为首要战略目标和“生存”范式，旨在借助与超级大国的军事同盟谋取经济利益，借力超级大国保卫国家安全，吓阻潜在的入侵者和利益挑战者，以护持自身在国际权力体系和区域次体系中的强国地位与既得利益。作为回报，守成型区域强国需对超级大国表现忠心，承担协助其维护国际权力体系和秩序现状的义务，必要时采取包括遏制、战争等在内的一切措施来共同应对新兴大国对超级大国及其主导的国际体系和秩序的挑战。守成型区域强国通常对承担这一义务表现出较强的内生性意愿，因为任何新兴大国的崛起都蕴含着引起现行体系与秩序变革的必然性与偶然性，进而引发权力架构、利益分配和地位等级的系列性变化。守成型区域强国预期权力、利益和地位的不确定性驱动它们竭力协助超级大国阻遏新兴大国的崛起，特别

① Tow, W. and Loke, B., “Rules of Engagement: America’s Asia-Pacific Security Policy under an Obama Administration,” *Australian Journal of International Affairs* 63, no. 4 (2009), 457.

是阻止其对现行全球和区域体系与秩序的挑战以维护守成型区域强国在权力体系中的地位和既得利益。在这一点上，守成型超级大国和守成型区域强国有着相似的战略利益和战略驱动性。如20世纪下半叶日本经济崛起对国际体系和秩序所带来的挑战不仅令美国充满危机感，也同样令英、法、德等区域强国充满警惕和提防。同样，对中国崛起最先作出强烈反应和阻遏的不是美国，而是日本、澳大利亚等美国在亚太地区的盟国和美国主导的亚太区域体系与秩序的既得利益者。

崛起型区域强国的首要战略目标就是尽量缩短崛起过程，尽快成为超级大国，以摆脱守成型超级大国及其政治和军事同盟可能实施的大规模的破坏、遏制、冷战，甚至是战争。崛起型区域强国并不因其硬、软实力的快速成长而对全球和区域体系与秩序产生“革命”的必然要求，但一定会对其产生变革、调整的要求，以包容和适应其日益增长的利益诉求。[①] 守成型超级大国或因其硬、软实力的相对下降而满足新兴区域强国的要求，对全球和区域体系与秩序作出调整以反映新兴大国不断增长的实力，包容其日益扩张的利益诉求。守成型超级大国更有可能凭借其仍然占据优势的硬、软实力，采取各种策略和手段阻止或延宕新兴大国的崛起，从而避免其对自己主导的国际体系与秩序以及因此而产生的利益构成威胁和挑战。

---

① Baldev R. Nayar, "A World Role: The Dialectics of Purpose and Power," in *India: A Rising Middle Power*, ed., Boulder Mellor (New York: Routledge, 2018), pp. 117-145.

古希腊历史学家修昔底德在其巨著《伯罗奔尼撒战争史》中剖析了权力转换可能带来的安全困境：斯巴达与雅典的战争之所以不可避免，是因为“雅典实力的快速增长及其在斯巴达所引起的恐慌”。[①] 因此，“修昔底德陷阱”的一个关键因素在于守成型大国对新兴大国的认知与反应，存在着将新兴大国对守成型大国并不必然的挑战催逼为自我实现的预言（a self-fulling prophecy）。[②] 由于担心受到守成型超级大国的遏制而终结其崛起进程，新兴大国会采取各种措施防范并反击守成型超级大国的遏制或发动的战争。美国在崛起过程中，不仅曾经与守成型超级大国英国开战，而且在战后的岁月里制定了与英国争夺世界霸权的决战预案。[③]

“修昔底德陷阱”的另一个关键因素是崛起型强国在崛起进程中的目标设置、方略设计、崛起路径规划及其政策宣示是否合理、准确、有策略性，从而令体系的主导者和体系内其他成员，特别是既得利益成员对其崛起进程少予或不予干涉，甚至得到它们一定程度的理解、认可和包容。因此，在崛起进程中，在新兴大国与现行体系的主导者和体系内的其他重要利益攸关者之间往往存在一个重要的“对价交易”过程，这个过程对于“交易”的双方或各方的矛

---

① Thucydides (Rex Warner translation), *History of the Peloponnesian War*, 2ed. (London: Penguin UK, 1974).

② Kirk, Hugo, "No Bigger Question: How Should the U.S. Handle the Rise of China?" *National Interest*, September 30, 2016, http://nationalinterest.org/blog/the-skeptics/no-bigger-question-how-should-the-us-handle-the-rise-china-17885.

③ Parkin, Russell and Lee, David, *Great White Fleet to the Coral Sea* (Australian Department of Foreign Affairs and Trade: Canberra, 2008).

盾、冲突，甚至是可能发生的战争发挥着重要的缓和、延宕，甚至是阻遏的作用。“对价交易”理论被广泛运用于国际纠纷的协商与解决，如战争和冲突就是最为典型的“对价交易式的互动”(bargaining interaction)。冲突或战争的各方就相互的利益诉求、实力对比等要素，在充分权衡、研判的基础上展开沟通、磋商和谈判。如果各方不能达成妥协，冲突和战争就会作为最后的解决手段而爆发。冲突或战争的胜利方可能会获得较妥协更为丰厚的利益，反之则可能蒙受较妥协更为惨重的损失。

由此可见，“对价交易”的一方、数方或各方如果不承受相对较小的损失，或让渡部分权利，就均无法通过“交易”阻止更大的损失或获得利益。因此，新兴大国在崛起过程中要特别注意崛起目标、路径等“对价交易”要素的表述，以争取体系的主导者和体系的利益攸关者的理解、包容和支持，避免它们不必要的甚至是过度的反应和干涉。

拿破仑时期的法国在欧洲大陆崛起后对英国的霸权体系和主导地位构成了严重的威胁和挑战，普鲁士则借机向英国宣示了抗衡法国、维护欧洲大陆稳定的外交政策。普鲁士崛起的“对价交易”符合英国的利益，因而得到了英国的大力支持，不仅顺利地实现了德意志的统一，而且实现了德意志帝国的崛起。美国在1812年的美英战争后高调宣示“门罗主义”，欲在英国势力边缘的南美地区驱逐西班牙、葡萄牙等欧洲强国的势力，并建立自己的势力范围。美国的“对价交易”性战略举措不仅无损于英国的权力和利益，反而有利于英国削弱欧洲传统强国西班牙和葡萄牙的实力，因而得到了英国的纵容和支持。在普鲁士和美国崛起的阶段性目标的“对价交易”宣示中，国际体系的主导者英国不仅没有看到它们对英国主导的全球殖民体系，以及英国权力和利益的威胁，反而意识到德意志的统一和美国推行的“门罗主义”有助于英国维持老牌帝国主义强国的势力平衡。因此，英国对普鲁士的统一战争，对美国在南美推行“门罗主义”的行为不仅没有干预，反而乐见其成。同样值得注意的是，普鲁士在统一德国的战争中，不仅巧妙地通过“对价交易”的策略性表述获得了英国的支持，而且通过推行法国政府宣扬的“民族自决”原则，在一定程度上阻止了法国对德意志统一进程的武装干涉。

国际关系的权力体系和权力架构理论表明，建构并主导国际体系的超级大国和体系中的利益攸关者与新兴大国之间存在产生矛盾、冲突和战争的风险。而国际关系的“对价交易”理论则表明守成型超级大国、现行体系的利益攸关者和新兴大国之间存在通过“对价交易”化解矛盾、解决冲突，延宕或避免战争的可能性。因此，新兴大国为了实现国家的战略目标和顺利崛起，需要清晰、合理、策略性地向守成型超级大国及其他利益攸关者表明自己的崛起目标、崛起的利益诉求和崛起的路径等“对价交易”条件，以争取守成型超级大国和其他利益攸关者对自己的崛起进程少干预、不干预，甚至是理解、同情和支持。

三、“对价交易”的“难点”与对策

新兴大国和国际体系的主导者及体系中的利益攸关者之间的“对价交易”并不容易达成，其成功与否主要取决于各方能否顺利解决“对价交易”过程中的若干重大“障碍”。

第一个重大障碍是“对价交易”双方或各方的互信，以及由此而产生的对交易各方提供的“交易”要素的信息的信任，如交易各方的真实意愿与目的、交易各方的真实“价格”（底线）、交易的直接和间接结果及其影响。[①] 由于“对价交易”的结果对“交易”双方或各方存在重大的甚至是致命的影响，因此交易各方均会有意无意地隐匿交易要素的全部或部分真实信息，并有可能故意引诱、“误导”对方或其他数方，致其“误判”。“对价交易”的“误判代价”有着“误判方”无法承受之重，因此，“对价交易”各方对“交易信息”的真实性与准确性高度重视，它也成为影响“对价交易”成功与否的关键因素。希特勒在发动对英、法战争前刻意塑造对苏联政治制度、意识形态的仇视，从而成功地使英国作出战略误判：希特勒置“意识形态”于霸权之上，欲首先发动对苏联的“意识形态战”，而不是挑战英国的“争霸战”。据此，英国作出希特勒不会首先进攻英、法的战略性“误判”。太平洋战争爆发前，日本

① He, Kai and Feng, Huiyun, “China's Bargaining Strategies after the Cold War: Successes and Challenges,” *Asian Security* 10, no. 2 (2014): 168-187.

通过积极高调的和平谈判，诱导美国对日本的霸权野心产生“误判”，从而成功地偷袭了珍珠港。由此可见，国际关系中“对价交易”的新兴大国一定要格外注意“对价交易”的各要素的宣示，尽量争取国际体系的主导者和体系中其他利益攸关者的理解和认可，避免引起后者采取不必要的武力手段，甚至是战争行为。

影响“对价交易”成功与否的第二个重大“障碍”是“对价交易”的双方或各方能否恪守“交易”约定。由于“对价交易”的结果对交易各方的权力和根本利益往往会产生重大的甚至是颠覆性的影响，因此，“对价交易”各方，特别是国际体系的主导者和其他利益攸关者即便在达成“约定”或默契后，仍会对“交易”要素如交易的真实意愿与目的、交易的直接和间接结果与影响持续开展后续评判。新兴大国有可能因为阶段性目标的取得与调整而改变“对价交易”的约定，守成型大国也有可能因为对新兴大国的评判出现新的取向而不再恪守约定，因此，各方依据后续评判的结果而发生毁约的可能性随时存在。例如，美国于二战后对日本实施军事占领，对之加以“和平改造”，并扶植其为亚洲重要盟国。但是，随着日本的经济崛起、两国贸易战的不断升级与扩大，日本开始公开对美国说“不”。美国对日本的评判因此出现重大转变，并随即通过《广场协议》等手段最终终止了日本的强势崛起势头，解除了日本对美国霸权的威胁与挑战。希特勒在法国投降、英国困守英伦三岛后，对欧洲格局出现了新的评判，于是便撕毁了《苏德互不侵犯条约》，大举入侵苏联。此外，“对价交易”信息的不透明与各方的刻意隐瞒也增加了“对价交易”各方建立互信的难度，因而也不利于交易各方长期恪守约定。[①]

相对于国际体系的主导者和利益攸关者而言，新兴大国的崛起往往会令本国收获更大的权力、更多的利益和更高的国际地位，同时也会使国际体系和体系的主导者和利益攸关者的权力、利益和地位产生诸多不确定性。因此，新兴大国尤其需要注意采取有效的措施向国际体系的主导者和其他利益攸关者清晰、明确地阐述深思熟虑后的崛起目标、崛起的利益诉求和崛起的路径等，尽可能地与体系的主导者和其他利益攸关者达成“对价交易”，从而取得它们的默认、不干预，甚至是理解和支持。为此，新兴大国可以采取以下一些策略。

第一，“无害相容”策略。新兴大国向国际体系的主导者和利益攸关者陈述并证明自己的崛起目标、崛起的利益诉求，以及崛起的路径并不损害现行体系和秩序以及后者的根本利益，甚至还有利于旧体系的巩固和维护。美国的崛起进程为这一策略的运用和产生的效果提供了正反两面极好的实证。[②] 美国崛起之初曾觊觎加拿大，并幻想将英国的势力全部驱逐出美洲，因而于 1812 年趁英法激战之际发动了美英战争。美国的扩张之举损害了英国的根本利益，因而远远超出了英国的容忍度。英国于是调动兵力击退美军，并攻入华

---

① Morrow, James, “The Strategic Setting of Choices: Signaling, Commitment, and Negotiation in International Politics,” in *Strategic Choice and International Relations*, Lake, David and Powell, Robert, ed. (Princeton University Press: Princeton, 1999), p. 91.

② He, Kai and Feng, Huiyun, “China’s Bargaining Strategies after the Cold War: Successes and Challenges,” *Asian Security* 10, no. 2 (2014): 168–187.

盛顿，焚烧白宫，彻底终结了美国对加拿大的领土野心。此后，美国宣示“门罗主义”，在英国殖民势力范围之外的拉美地区大肆排挤西班牙和葡萄牙的殖民势力。美国的霸权目标转向非但无损英国利益，反而有助于巩固英国对其他欧洲强国的优势地位，因而未遭英国的阻拦与干预，从而较为顺利地将自己的势力范围扩张至整个拉美地区。一战后，美国的硬实力空前增强，因而欲在巴黎和会力推“威尔逊主义”，企图终结英国的全球殖民体系。此举遭到了英国和其他强国的联手抵制，美国终因“无人喝彩”而被排斥于国联之外，致使美国不得不再次陷入“孤立主义”的境地。

第二，“均势垄断”策略。新兴大国的硬、软实力迅速增长，足以与国际体系的主导者，或是与某些利益攸关者“势均力敌”时，新兴大国可向后者陈述，如果双方或各方实行有限度的“均势垄断式（纳什均衡）”合作，而不是殊死的“零和”博弈，则现行体系及双方或各方的根本利益可以得到“效果最佳”的维护。西方国家的主要政党在权力角逐中也往往会采用这一策略以保持两党或少数政党对政权的垄断。冷战初期，美苏争霸激烈，甚至在古巴导弹危机中不惜采用“核边缘”（Nuclear Brinkmanship）策略。这种“零和”竞争并不符合美苏的根本利益，两国随之采取缓和政策，进而奉行“和平共处”策略，最终形成稳定的霸权“垄断”合作。

第三，“集体竞价”策略。新兴大国利用国际体系中其他国家，特别是其他利益攸关者与体系的主导者的利益并不完全重合的特质，与国际体系中的多数国家，特别是主要的地区大国构建契合利益，从而形成共同的利益诉求，并向体系主导者充分表述、展示和证明新的共同的利益诉求不会从根本上威胁现行的全球和区域权力体系、秩序，以及由此而生成的利益，使国际体系的主导者作出一定的让步，达成“对价交易”。例如，欧盟在冷战后期加速一体化进程，并着力推行欧元，在很大程度上与美国的全球经济和金融霸权形成了竞争。但是，由于欧盟的形成和欧元的诞生是欧洲一些主要地区大国以及众多欧洲国家的共同意志的体现，因此，国际体系的主导者美国虽然对欧盟的形成与发展、对欧元的使用与推广予以一定程度的遏制，但总体分析，并没有对欧盟和欧元的发展造成实质性破坏和重大阻碍。[①]

四、权力体系和“对价交易”理论对中国建构和平发展语境的启示

中国在21世纪的和平发展明显提速，综合国力显著增强。但是，一些西方国际关系学者认为，中国并没有按照国际体系的主导者美国的意愿发展成为另一个“日本”，即“经济繁荣、政治顺从、军事无能、战略无欲”。[②] 他们认为，在美国主导的国际体系中，任何新兴大国如果不能成为另一个“日本”，其上升势头特别是作为世界第二大国的上升势头将会遭到超级大国美国及其盟国的全力打

① He, Kai and Feng, Huiyun, “China's Bargaining Strategies after the Cold War: Successes and Challenges,” *Asian Security* 10, no. 2 (2014): 168-187.

② Lee, John, “Don't Rush to Back Beijing over Delhi,” *Australian*, September 2010, p. 10.

压，其前途和命运将会极其“可悲”。[1] 在全球化的浪潮中，中国对广大发展中国家要求建立一个更加公正、合理的国际政治、经济新秩序的呼声作出了积极的回应。在国际体系上，中国与其他新兴国家携手促进多极化世界的发展；在国际政治上，中国强调尊重广大发展中国家独立自主选择国家政治体制和发展模式的权力；在国际关系上，中国积极推进国际关系民主化；在世界经济领域，中国坚持促进全球贸易自由化、投资便利化；在国际和地区安全上，中国倡导摒弃冷战思维，建立以多边平等合作和共同安全为主体的新安全观。

面对全球化和国际地缘政治、经济的新形势、新格局，冷战后全球单极体系的主导者美国及其主要的军事盟友担忧美国霸权体系与秩序，以及它们由此获得的丰厚的既得利益遭受挑战，因而对中国的快速发展势头表示越来越深切的忧虑。在经济领域，这些既得利益者掀起了去全球化和反全球化的浪潮；在政治领域，坚持霸权体系，拒绝接受国际关系民主化；在安全领域，这些既得利益者不仅不反省和收敛自己的霸权行为，反而坚持从霸权主义和冷战思维的视角看待中国的国防现代化，批评中国的国防建设已经打破或即将改变亚太地区的安全架构和势力平衡，对美国自二战后在亚太地区凭借“轴辐体系”（Hub-Spoke System）构建的军事霸权形成挑战。一些西方学者指责中国倡导的以多边平等合作和共同安全为主

---

① Lowry, R., “China without Illusions,” *National Review Online*, January 18, viewed February 6, 2011, http://www.nationalreview.com/articles/257334/china-without-illusions-rich-lowry.

体的新安全观动摇了美国在亚太地区“友善霸权”论的道义基础，弱化了美国在亚太地区的政治和军事领导力与凝聚力，分化了美国军事同盟的团结和向心力。[①] 在此背景下，国际体系的主导者美国的政界、军界和学术界逐渐趋同，强调以中国为主的新兴国家的快速发展已经损害了美国经济、政治和安全的根本利益，对美国主导的霸权体系与秩序构成了实质性挑战。鉴于此，“阻止一个有能力在全球范围内，特别是在亚太地区挑战美国传统霸权的新兴大国的崛起”已经成为美国及其主要军事盟国的战略共识。[②] 美国为此先后提出“转向亚太”“亚太再平衡”和“印太战略”，强调美国必须重新调整其在全球的政治、经济，特别是军事资源的分配，以应对中国的快速崛起，以及由此可能产生的对美国在本地区，乃至全球构建的霸权主义体系和秩序的挑战。

现阶段美国主导的国际体系与秩序在政治、经济、安全和话语权等领域对美国和其他西方国家仍然具有重要的作用和价值。尽管美西方国家的军事实力、政治影响力、经济体量和人口数量等重要实力指数不断下滑，但其拥有的国际利益、地位和话语权却并没有明显下降。究其原因，西方国家与美国的军事同盟和其他特殊关系显然发挥了国家实力倍增器的作用。不难想象，如果没有美国的“站台”，西方国家根本不可能获得现有的“显赫权力”以及由此产

① Wesley, Michael, “The Trilateral Strategic Dialogue's Institutional Politics,” in W. Tow, M. Thomson, Y. Yamamoto and S. Limaye (eds.), *US, Australia and Japan and the New Security Triangle* (Oxon: Routledge, 2007), pp. 57-66.

② Tow, W. & Loke, B., “Rules of Engagement: America's Asia-Pacific Security Policy under an Obama Administration,” *Australian Journal of International Affairs* 63, no. 4 (2009): 442-457.

生的丰厚的政治和经济利益。因此，西方国家便成为美国主导的国际体系和秩序的最为重要的利益攸关者。面对中国的快速崛起，西方国家不得不思考一个重大问题：一个崛起的中国以及一个更加公正、合理的世界政治、经济新秩序是能延续，还是会“剥夺”西方国家超出其体量的“权力”和“利益”？如果是后者，西方国家就不得不坚定地选择站在现行国际体系的主导者一边，竭尽所能地去阻止或延宕世界权力体系转移的进程，因为这更符合它们的根本利益。

基于西方主流的现实主义“权力架构”理论和“对价交易”理论的分析，中国不妨在国际权力体系和秩序面临深刻变革的时代大背景下，在深入理解和掌握全球权力体系理论的基础之上，运用“对价交易”理论的基本原理，尽力与国际体系与秩序的主导者，以及国际体系的利益攸关者就中国在国际体系与秩序中的权力、利益和地位展开“对价交易”，并达成与中国硬、软实力实际增长相符的阶段性“交易”成果，使中国的外部发展环境不至于发生根本性逆转，进而维护世界和印太地区的和平、稳定与繁荣。首先，清晰、准确、有策略性地向国际体系的主导者和利益攸关者表明中国“和平发展”的战略目标、“和平发展”的利益诉求以及中国“和平发展”的路径等，最大限度地减少国际体系的主导者与利益攸关者对中国的战略误判，并最大限度地争取它们对中国和平发展的理解、包容和支持。令人关注的是，21 世纪第一个十年结束后，世界地缘政治、经济格局出现新的重大发展，引起国际体系的主导者美国和其他一些利益攸关者对中国综合国力快速崛起的疑虑，特别是中国的崛起是否以颠覆现行的国际体系和秩序为自己的战略目标。如果答案是肯定的，这将严重危及体系的主导者和其他利益攸关者的根本利益，也将极大地恶化中国与这些国家间的政治、安全和战略关系。如果答案是否定的，那么中国与体系的主导者之间存在着协商和转圜空间；与体系的利益攸关者之间则存在着巨大的缓冲与合作空间。包括现行体系的主导者和利益攸关者在内的相当一部分体系的成员认为，中国崛起是这一体系的受益者，因而中国的崛起不会颠覆这一体系，而是在维护这一体系的基础上加以调整，以包容自身日益增长的利益需求。[①] 当然，也有一部分体系成员和人士难以摆脱政治制度、意识形态和价值观的桎梏，坚持认为中国的发展有悖于体系主导者的根本利益，并将最终损害国际体系与秩序，以及由此而生成的既得利益。[②]

现行国际体系成员的观点分裂，说明有相当一些成员对中国和平发展的目标和路径缺乏较为清晰的了解，需要我们运用“对价交易”理论及其相关策略向国际体系的成员国，特别是体系的主导者和利益攸关者反复诠释中国的发展目标和发展路径，以及中国对二战后国际体系与秩序的观点和态度。经济发展的阶段性理论判定中国仍是世界上最大的发展中国家。中国现阶段的目标仍应锁定发展

---

① Ikenberry, John G., “The Rise of China and the Future of the West,” *Foreign Affairs*, January/February 2010, https://www.foreignaffairs.com/articles/asia/2008-01-01/rise-china-and-future-west.

② Fallows, James, “China’s Great Leap Backward,” *Atlantic*, December 2016, https://www.theatlantic.com/magazine/archive/2016/12/chinas-great-leap-backward/505817/.

经济，提高人民的生活水平和质量。经过改革开放40多年的努力，中国成功地帮助7亿多人口摆脱了“绝对贫困”，取得了世人瞩目的成效。但是，我们也必须清醒地看到，中国仍然存在着大量贫困人口，人民的生活水平、质量与发达国家还存在着巨大的差距。距离人民生活真正进入富裕状态，中国真正进入世界先进国家的行列仍有相当漫长的路要走。国家发展的阶段性特点表明，中国现阶段并不具备挑战国际体系主导者的实力，也不会有这样的目标需求。从中国和平发展的路径分析，中国的经济腾飞得益于二战后国际体系的建构，得益于其倡导和推行的商品、资本、人员和技术等生产要素的自由流动。改革开放后，中国逐渐融入了世界经济体系，通过开放市场，便利商品、资金、技术和人员的流动，实现了经济的快速发展。中国渐进性融入世界经济体系的过程及结果表明，中国既是国际体系的受益者，也是这一体系的积极推动者。理论与实证都表明中国的和平发展无意挑战，遑论颠覆二战后形成的世界体系。

此外，寻求与国际体系中的绝大多数成员，特别是与国际体系的利益攸关者的利益契合点，从而形成统一的利益诉求和“对价交易”联盟。这样，一方面可以最大限度地争取国际体系中的大多数成员，特别是利益攸关者对中国和平发展的理解和支持；另一方面以“利益联合体”和“对价交易”联盟的形式与国际体系的主导者形成统一的“对价”，从而避免与国际体系的主导者发生直接对抗，并化解其遏制与围堵中国的图谋，迫使其不得不接受中国的和平发展。自20世纪90年代以来，以贸易自由化和投资便利化为主要内容的全球化发展迅速，并惠及绝大多数国家。但是，国际体系的主导者和全球化的主推者美国借口别国获益大于自己，别国发展速度快于自己，一再掀起保护主义浪潮，并对经济伙伴肆意挥舞“制裁”的大棒。在某些重要国家和地区推行“逆全球化”和贸易保护主义后，中国更成为推动全球贸易自由化和投资便利化的最为积极的力量。鉴于此，中国可以加速与国际体系的多数成员，特别是与体系的利益攸关者达成双边和多边贸易协定，构建区域自由贸易和便利化投资体系。与此同时，中国也可以与经贸合作伙伴一道充分利用现有体系、规则，共同维护以规则为基础的世界多边贸易体系。

中国创立亚洲基础设施投资银行（以下简称“亚投行”）就是寻求与国际体系的绝大多数成员的利益契合点的成功案例。21世纪，中国的经济体量迅速增加，中国对世界经济成长的驱动力不断增强，贡献率日益增大。在包括西方国家在内的世界各国数次遭受全球性经济危机之际，中国为全球经济的复苏发挥了重要的作用。因此，包括英国、法国、德国在内的国际体系的利益攸关者和重要经济体大多支持增加中国在国际金融机构，如世界银行和国际货币基金组织中的投票权。这既符合既有的国际金融体系改革的需要，也符合绝大多数国际体系成员的切身利益。但是，现行经济和金融体系的主导者美国出于一己之利，坚决阻止增加中国在世行和国际货币基金组织等国际重要金融机构中的投票权，引起相当一部分成员的不满，为中国与国际体系其他成员建立新的国际金融机构创造了有利条件。尽管美国坚决不加入亚投行，但是美国最重要的盟国英国和其他西方国家纷纷加入亚投行，使之迅速成为重要的世界性金融机构。

四、结语

综观人类迄今为止构建的两个全球性国际体系——英国主导的世界殖民体系和美国主导的自由体系，人们不难发现，作为全球权力体系的主导者，超级大国的首要目标就是维护其主导的国际体系的现状与稳定，这也是在维护其至高无上的权力地位和丰厚的既得利益。而相当一部分体系的利益攸关者和利益获得者则往往采取与国际体系的主导者结为同盟，协助其护持国际体系与秩序的现状，以便维护它们在现行体系中的既得权力、地位和政治、经济等利益。面对如此巨大且来自众多方向的压力，能够取代现行国际体系的主导者，并构建起自己主导的新的国际体系的新兴大国若非绝无仅有，亦是凤毛麟角。因此，一些新兴大国，哪怕是它们在某一阶段的成功经验和失败的教训都值得深入研究和思考。在排除其他诸如权力结构、大国制衡等诸多客观因素后，“对价交易”理论明确指出，新兴大国在崛起进程中的阶段性目标设置、崛起方略以及崛起的路径都需要精心设计以求合理并具有策略性，易于为国际体系的主导者和其他利益攸关者所理解、接受和包容。对于中国而言，要善于利用“对价交易”理论的基本原则与策略，应尽可能地与国际体系的主导者和其他利益攸关者达成“对价交易”，从而避免它们遏制甚至破坏中国的和平发展进程。

日本的区域经济合作及其对东亚经济一体化的影响*

李　石**

摘　要　日本是全球具有重要影响力的经济体之一，在区域经济合作领域发挥着重要作用。随着世界贸易组织下的贸易与投资规则滞后性的不断凸显、全球区域性经济合作的快速发展，日本政府开始绕开一度坚持的以关贸总协定/世界贸易组织（GATT/WTO）为中心的经济合作，寻求开展多元化的区域经济合作。而日本对区域经济合作的积极参与也引起了东亚区域合作的“连锁反应”，中国和韩国的纷纷加入迅速扩大了东亚区域经济合作网络，开启了东亚区域经济合作的崭新局面。《区域全面经济伙伴关系协定》与《全面与进步跨太平洋伙伴关系协定》的顺利生效，又为东亚的经济一体化进程带来了历史性的发展

* 本文是国家自然科学基金（72002166）阶段性研究成果。作者感谢日本经济产业研究所（RIETI）理事长、日本早稻田大学荣誉教授浦田秀次郎教授的宝贵意见。

** 李石，山东大学国际问题研究院研究员。

机遇。本文对日本区域经济合作网络的形成以及日本在《区域全面经济伙伴关系协定》与《全面与进步跨太平洋伙伴关系协定》的分析，不仅为加深理解东亚区域合作以及经济一体化的发展提供有益的参考，也为中国推动共建“一带一路”与区域全面经济伙伴关系构建的深度融合，提升中国在东亚区域的话语权体系建设和影响力提供重要的政策依据。

关键词 日本；区域经济合作；东亚经济一体化；《区域全面经济伙伴关系协定》；《全面与进步跨太平洋伙伴关系协定》

日本是东亚乃至全球具有重要影响力的经济体之一，日本政府在区域经济合作领域的积极参与不仅影响日本自身的区域经济合作，也对东亚区域的经济一体化产生重要影响。自 20 世纪 90 年代开始，受到泡沫经济的沉重打击，日本经济长期处于低增长状态。此后，国内原本就不具备的资源要素禀赋，加之少子化和高龄化问题的不断加剧，令日本经济发展雪上加霜。与此同时，中国和东盟开始进入由人口红利和资源禀赋所带来的经济高速增长阶段，这让日本政府开始意识到开展区域经济合作的重要性与迫切性。因此，通过推动区域性要素市场的合理流动，改善国内的生产要素配置进而促进经济的增长，成为日本开展区域经济合作的内生动力。[①]

2002 年，日本—新加坡自由贸易协定正式生效，以此为契机，日本的区域经济合作在此后迎来了快速发展的时代。一方面，世界贸易组织的众多成员始终难以达成一致性的贸易与投资合作规则，多哈回合谈判迟迟未能签订，导致世界贸易组织框架下的经济合作难以满足各国开展国际经济活动的需求；另一方面，欧洲在区域经济合作上取得了突破性的进展（欧元被作为区域货币开始正式使用)，亚洲的中国、韩国和东盟也都开始积极讨论区域经济合作的可能性。因此，在这些外部环境的压力下，日本政府也担心区域经济合作的排他性会提升日本参与国际贸易与投资门槛，于是开始积极融入区域经济合作。

在内生动力和外部环境的双重叠加影响下，日本开始积极参与区域经济合作。根据日本外务省的公开信息，日本所构建的区域合作战略共有五个层面的优先级别，分别是经济层面、地理层面、政治外交层面、现实可操作性层面以及生效所需时间层面。[②] 将经济层面放在首位的战略思想，明确了区域经济合作在日本构建区域合作战略中的核心地位。为此，本文将在回顾日本区域经济合作发展的基础上，梳理日本区域经济合作的现状，并进一步深入讨论日本区域经济合作对东亚经济一体化的影响。

---

① 浦田秀次郎「市場誘導型から制度誘導型にシフトする東アジアの地域経済統合」、『国際経済』、2007 年第 5 巻、第 8 期、47—68 頁。

② 日本经济团体联合会「自由で開かれた国際経済秩序の再構築に向けて」、2023 年 2 月 1 日、https://www.keidanren.or.jp/policy/index10.html。

一、日本区域经济合作的政策转变

第二次世界大战结束后，在关贸总协定的作用下国际经济秩序得到了有效的维护，全球的关税水平显著降低，贸易与投资快速发展。为此，作为关贸总协定的继任者，世界贸易组织成员不断增加，在全球贸易和投资活动中的影响力也随之提升，甚至发挥了决定性的作用。正是在这样的历史背景下，日本的国际经济活动一直坚持在关贸总协定和世界贸易组织框架下有序开展。

（一）日本区域经济合作的政策转变

目前，世界贸易组织已有多达 164 个正式成员，众多成员的各持己见使得世界贸易组织很难就同一事项达成一致的观点，导致现行的贸易与投资规则很难满足一些发达国家的需求。日本曾经寄希望于世界贸易组织的自身改革以实现现有国际贸易与投资规则的升级。然而，多哈回合谈判的失败表明世界贸易组织的自身改革依然存在巨大难度而难以实现。基于此，日本开始转变经济合作的战略，不再将世界贸易组织视为开展经济合作的中心，转而积极开展区域经济合作。

同时，欧洲和亚洲的区域经济一体化的快速发展，也间接推动了日本绕开世界贸易组织寻求新的经济合作模式。区域经济合作具有一定的排他性，同一区域经济合作体系下的成员享有一系列优待举措，非成员则不能享有。这就相当于变相提高了非成员参与区域经济合作的贸易与投资门槛。因此，在欧洲和亚洲的区域经济合作不断升级的环境下，日本不参与区域经济合作，则可能会提升日本在全球范围内的贸易与投资门槛。日本的经济已经深度融入全球的价值链分工体系，贸易与投资门槛的提升，以及由此导致的差别化对待将会直接冲击日本企业的全球价值链，继而导致企业被迫停工停产。因此，意识到推动区域经济合作迫切性的日本，开始积极参与区域经济合作。

（二）日本积极推动区域经济合作的发展

从 1998 年开始，新加坡率先与日本试探性地开展区域经济合作的谈判，2002 年两国区域经济合作正式生效，这也是日本历史性的首次参与区域经济合作。其间，日本也同时与韩国讨论区域经济合作的可能性。1997—1998 年亚洲金融危机令韩国和泰国等国的经济遭受重创，暴露出单个国家在应对突发经济危机时的脆弱性，这也使亚洲各国开始意识到区域经济合作的重要性。

中国以 2001 年加入世界贸易组织为契机，积极寻求开展区域经济合作，2005 年与东盟成员新加坡、马来西亚、泰国、印度尼西亚、文莱、缅甸建立的《货物贸易协议》正式生效。从 2005 年《货物贸易协议》生效到 2010 年的五年间，共有 5 个“东盟+1”形式的区域经济合作陆续展开。日本为了提升在区域经济合作中的影响力，于 2005 年的“东盟+3”（中日韩）会议上提出了引入印度、澳大利亚和新西兰加入“东盟+3”，从而形成“东盟+6”的区域经济合作机制以及构建东亚区域经济合作协定（CEPEA）的设想。①

日本在快速推动区域经济合作的过程中也遇到了一些问题。2003 年，日本重新启动了与韩国的区域经济合作谈判，但并未取得任何进展，并于 2004 年停止了进一步的谈判。主要原因在于，一方面，由于日本国内农民的强烈反对，日本政府坚持不放开本国的农业和渔业市场；另一方面，韩国政府也担心一旦形成开放的市场环境，韩国国内的制造业，特别是中小企业会由于缺少竞争力而遭受日本制造业的冲击。因此，日韩两方并没有针对自由开放的市场达成一致条件，导致两国关于区域经济合作的谈判最终陷入僵局。除经济方面因素以外，两国之间沉淀已久的历史和政治等问题也是导致双方谈判进入僵局的原因。同时，中日韩三方的区域经济合作也在 2002 年被正式提上日程。但是由于缺乏有效的合作机制，加之日韩领导人的连续更迭导致谈判缺乏有力的推动机制，中日韩三方关于区域经济合作的谈判始终没有取得实质性的进展。

总而言之，日本在内部经济增长停滞不前和外部区域合作环境不断升级的背景下，改变了单一的围绕世界贸易组织开展经济合作的困难局面，转而积极参与区域经济合作。虽然，在此过程中也遇到了如日韩、中日韩等合作谈判的僵局与困境，但是日本的区域经济合作还是取得了快速发展，这为日本扩大在区域经济合作领域的

① 浦田秀次郎「東アジアにおける自由貿易協定の展開と現状」、『アジア太平洋討究』、2018 年第 32 卷、31—45 頁。

影响力提供了重要基础。

二、日本区域经济合作的现状

截至2022年底，日本的区域经济合作已经涵盖了24个国家和地区，这些国家和地区与日本的贸易约占日本贸易总额的79%。如果算上正在开展区域合作谈判的国家和地区，那么贸易占比将会进一步上升至85.3%。[①] 日本已经与主要贸易投资伙伴国开展了区域经济合作，以经济合作为中心的区域合作战略目标十分清晰。日本在推动区域经济合作的过程中，呈现出了两个比较明显的特征：一个特征是逐步深化的区域经济合作网络；另一个特征是基于区域经济合作提升日本在区域贸易与投资规则中的话语权。

（一）逐步深化的区域经济合作网络

表1归纳了日本的区域经济合作情况，包括合作的伙伴国与生效时间等信息。首先，从生效时间的主线上可以看出，2002年与新加坡的区域经济合作生效以后，一直到2021年与英美分别开展了区域经济合作，日本的区域经济合作并没有受到2008年全球经济危机、2016年美国总统特朗普的逆全球化思潮危机，以及2019年底发生的新冠疫情等全球性危机事件的冲击与影响，保持了快速的推

---

① 日本经济团体联合会「自由で開かれた国際経済秩序の再構築に向けて」、2023年2月1日、https://www.keidanren.or.jp/policy/index10.html。

进步伐。这充分体现了日本绕开世界贸易组织框架开展区域经济合作的坚定决心。

其次，从伙伴国分布的主线上看，日本区域经济合作的伙伴国从最初的新加坡和智利等国家，发展到瑞士和澳大利亚等国家，又逐渐发展到英国以及美国，体现了日本的区域经济合作网络不断深化的过程。试探性地通过与亚洲邻国和南美国家的经济合作进入区域经济合作这一崭新领域，经历了20多年的摸索与积累后逐步将这种合作模式拓展至欧洲和北美等日本重要的贸易与投资区域，逐步深化为区域经济合作网络。可以看出，日本的区域经济合作发展至今，已经基本涵盖了日本重要的贸易与投资伙伴国，建成了较为广泛的区域经济合作网络。

最后，值得关注的是，日本是为数不多的既加入《全面与进步跨太平洋伙伴关系协定》（CPTPP），又加入《区域全面经济伙伴关系协定》（RCEP）的国家之一，双重成员身份为日本提供了拓展区域经济合作的历史性机会。美国在前期谈判一直参与了《全面与进步跨太平洋伙伴关系协定》，并且近期各国也十分关心美国是否会重返《全面与进步跨太平洋伙伴关系协定》，所以《全面与进步跨太平洋伙伴关系协定》将是日本进一步巩固日美同盟关系、提升日本在亚太区域影响力的重要平台。同时，日本通过《区域全面经济伙伴关系协定》和中国开展了历史性的区域经济合作。中国和美国都是日本重要的经济合作伙伴国，日本一方面可以通过《全面与进步跨太平洋伙伴关系协定》巩固和深化与美国的经济合作；另一方面还可以通过《区域全面经济伙伴关系协定》拓展和挖掘与中国的经济合作。

总体而言，日本政府通过20多年的努力构建了区域经济合作网络，不仅满足了日本企业的国际经济活动需求，而且加大了日本在东亚区域的影响力，为日本在东亚构建话语权体系提供了基本前提。

表1　日本主要的区域经济合作

日本参与的区域经济合作伙伴国或组织	生效时间
双边经济合作的伙伴国	
日本—新加坡	2002年11月
日本—墨西哥	2005年4月
日本—马来西亚	2006年7月
日本—智利	2007年9月
日本—泰国	2007年11月
日本—印度尼西亚	2008年7月
日本—文莱	2008年7月
日本—东盟	2008年12月
日本—菲律宾	2008年12月
日本—瑞士	2009年9月
日本—越南	2009年10月
日本—印度	2011年8月
日本—秘鲁	2012年3月

续表

日本参与的区域经济合作伙伴国或组织	生效时间
日本—澳大利亚	2012 年 3 月
日本—蒙古	2016 年 6 月
日本—欧盟	2019 年 12 月
日本—美国	2021 年 1 月
日本—英国	2021 年 1 月
参与的区域性经济合作组织	
《全面与进步跨太平洋伙伴关系协定》	2018 年 12 月
《区域全面经济伙伴关系协定》	2022 年 1 月
进行经济合作谈判中的伙伴国	
日本—土耳其	谈判中
日本—哥伦比亚	谈判中
中日韩	谈判中

资料来源：日本外务省官网「我が国の経済連携協定（EPA/FTA）等の取組」、2023 年 2 月 1 日、https://www.mofa.go.jp/mofaj/gaiko/fta/index.html。

（二）区域经济合作中的话语权建设

不断持续的中美贸易争端在一定程度上暴露了世界贸易组织在应对区域贸易纠纷上的职能滞后，至今世界贸易组织框架下依然没有有效的机制来解决这场复杂的贸易纷争。在这样的背景下，世界各国也在探索一种新的全球性的贸易和投资规则，以满足当前全球错综复杂的发展格局。《全面与进步跨太平洋伙伴关系协定》和

《区域全面经济伙伴关系协定》等区域经济合作模式的出现与创新，迎合了全球对新的贸易和投资规则的迫切需求。日本政府也寻求通过深化区域经济合作，进而在新的全球性贸易投资规则形成过程中占得先机，赢得重要的话语权。

一方面，遍布世界各国的日本企业所构建的全球价值链，为日本参与不同地区的区域经济合作提供了重要的基础。日本企业的全球价值链中，东亚和南美主要承担了原材料供给与生产的环节，欧洲和北美则是日本企业全球价值链的核心消费端。日本企业能够通过价值链布局，深度融合到各国的相关行业与生产领域，这也间接加大了各国经济增长对日本的依赖程度，增强了日本的区域经济合作网络的稳定性。

另一方面，如图 1 所示，日本是同时与美国和印度开展区域经济合作的亚洲国家，这为提升日本在东亚以及亚太区域的话语权奠定了重要基础。印度是全球人口第二大国家，而且有望在短期内超过中国跃居全球人口第一大国，经济体量也是位居世界第 6 位，所以日本—印度的合作关系将会在东亚甚至亚太的区域合作中发挥重要影响力。东盟 10 国由于缺少与印度之间区域经济合作的保障，在亚太区域的影响力难以抗衡日本。中国目前还没有与美国和印度建立区域经济合作，短期内难以制约日本联合美国和印度在亚太区域所形成的影响力。所以，与美国和印度率先开展的区域经济合作，为日本在东亚区域贸易和投资规则重建上提供了重要的话语权基础。

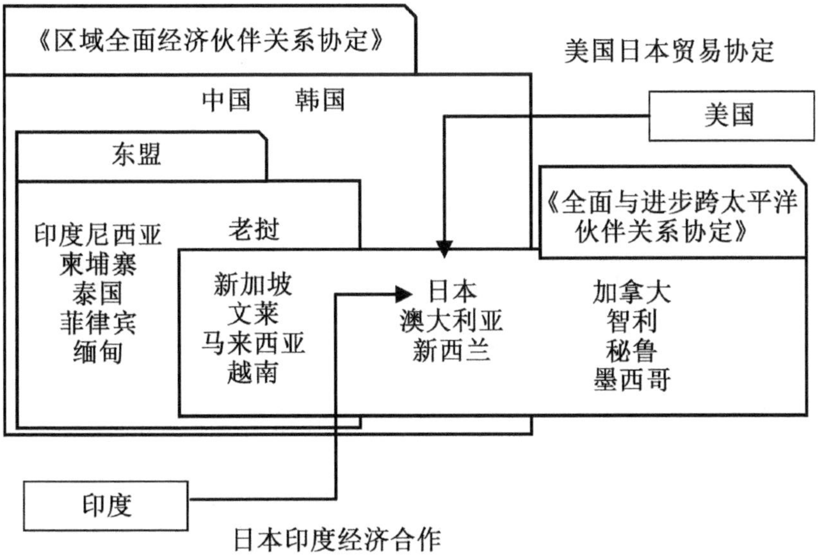

图 1　《区域全面经济伙伴关系协定》与《全面与进步跨太平洋伙伴关系协定》的成员

资料来源：笔者自制。

此外，拥有《全面与进步跨太平洋伙伴关系协定》和《区域全面经济伙伴关系协定》双重会员的日本（见图 1），将会充分利用这一层身份影响不同区域合作之间的规则与秩序，从而提升日本在东亚区域合作中的话语权。日本是《全面与进步跨太平洋伙伴关系协定》的 11 个成员中经济体量最大的国家，在协定中占据了重要的地位。在《区域全面经济伙伴关系协定》中，日本的经济体量仅次于中国，加之与日本有区域经济合作的印度在谈判最后时刻的退出，在一定程度上限制了日本在《区域全面经济伙伴关系协定》中的影响。但是《区域全面经济伙伴关系协定》大部分成员对日本的贸易和投资依然存在较高的依赖性，特别是东盟中的越南等国家。所以，如果在《区域全面经济伙伴关系协定》框架下形成中国—日本—东盟相互制约的格局，那么日本在《区域全面经济伙伴关系协定》的影响力也会随之提升。因此，《全面与进步跨太平洋伙伴关系协定》和《区域全面经济伙伴关系协定》的顺利生效，一定程度上提升了日本在东亚区域的话语权。

总而言之，过去20多年中日本基于广泛的区域经济合作网络建设了具有一定影响力的话语权，这不仅对日本的区域经济合作产生积极影响，也会对东亚区域经济一体化的发展产生重要影响。

三、日本区域经济合作对东亚经济一体化的影响

东亚的区域经济合作不同于欧洲，区域内各国都处于不同的经济发展阶段，并且存在长期积累而形成的历史和政治问题，导致东亚的区域经济合作一直难以推进。相比之下，欧洲早在20世纪50年代就已经开始探索区域合作的模式，比较有代表性的是法国、意大利、比利时、荷兰、卢森堡和联邦德国于1957年共同签订的《罗马条约》。此后，六国为打破区域内要素流动的约束限制，进一步实现商品、服务、人员和资本的区域内自由转移，在1992年共同建立了单一欧洲市场。1993年又突破了区域合作的政治界限，形成了迄今全球最具影响力的区域合作组织——欧洲联盟（EU，简称“欧盟”）。1998年打破金融领域的壁垒设立了统一的货币政策管理机构，自1999年开始施行欧洲单一货币（欧元）。欧盟已经发展成为拥有27个成员的深层次区域经济合作组织。因此，与欧洲的经

济一体化进程相比，东亚的经济一体化还处于初始阶段，尚存在巨大的发展空间。

（一）日本区域经济合作与东亚经济一体化的开启

东亚最早的区域合作可以追溯到基于东盟的部分国家所建立的东盟自由贸易区（AFTA）。最初东盟的建立主要考虑的并不是经济合作，而是区域政治的安全与稳定。1967 年，为了维护东南亚区域的政治稳定，在印度尼西亚、马来西亚、菲律宾、新加坡和泰国的合作倡导下宣布成立东盟。此后，文莱、越南、缅甸、老挝和柬埔寨也相继加入成为东盟 10 国。东盟在成立之初，所有国家对经济层面的合作并不感兴趣。直到 1991 年冷战结束，亚洲的韩国、中国香港和中国台湾等国家和地区经济的迅速崛起，给东盟各国带来了强烈的危机感。同时，东盟每个成员的经济体量都相对较小，难以凭借一国之力在竞争激烈的东亚获得贸易和投资上的优势。为此，东盟开始将以维护政治稳定为主的区域合作模式转向以区域经济合作为中心。

与东盟相比，东北亚地区的区域经济合作的发展更为缓慢。主要原因在于中国、日本和韩国对区域内的经济合作都没有表现出积极的合作意愿。日本与新加坡、马来西亚等国家的区域经济合作，间接推动了中国的区域经济合作。中国在 2001 年加入世界贸易组织以后，开展了更为积极的区域经济合作。2002 年 11 月，中国与东盟初步签署了《中国—东盟全面经济合作框架协议》，2005 年《货物贸易协议》正式生效，同年与智利、2008 年与新西兰和新加坡、2015 年与韩国和澳大利亚等国家纷纷开展了广泛的区域经济合作。虽然中国的区域经济合作在东亚国家中起步较晚，但是基于对贸易和投资的强劲需求，中国的区域合作表现出了快速的上升趋势。

综上所述，东亚的区域经济合作由于各国的保守态度而发展相对较晚。日本积极参与区域合作引发了东亚区域内经济合作的“连锁反应”，加之中国也积极参与和推动东亚的区域经济合作，明显深化了中国、日本和东盟之间的互动与对话，开启了东亚区域朝着更为深度的经济一体化的发展方向。

（二）日本区域经济合作与东亚经济一体化的新机遇

《区域全面经济伙伴关系协定》与《全面与进步跨太平洋伙伴关系协定》等区域合作协定的陆续生效，为东亚的区域合作带来了历史性的新机遇。日本政府也十分关注如何利用好《区域全面经济伙伴关系协定》与《全面与进步跨太平洋伙伴关系协定》，推动日本的经济增长，促进东亚经济一体化的跨越式发展。

《区域全面经济伙伴关系协定》和《全面与进步跨太平洋伙伴关系协定》具有不同的时代背景。《区域全面经济伙伴关系协定》的时代背景和起源可以追溯到 1997—1998 年亚洲金融危机。在 1998 年的“东盟+3”首脑会议上，受危机影响较深的韩国政府提出建立一个东亚区域性的危机应对机制。在此基础上，2002 年的“东盟+3”会议上又提出了进一步加快构建“东亚自由贸易区”

（EAFTA）的想法。日本为了提升在“东盟+3”的影响力，在2006年的“东盟+3”会议上提出了“东盟+6”的想法，即“东盟10国+中日韩+印澳新”，从而形成更大的东亚全面经济伙伴关系（CEPEA），这也被视为《区域全面经济伙伴关系协定》的最初框架。但是此后，无论是东亚自由贸易区，还是东亚全面经济伙伴关系都停留在谈判阶段，并没有取得实质性的进展。可以看出，《区域全面经济伙伴关系协定》的初衷仅仅停留在应对区域危机事件的互助原则上，目标并不是区域经济合作，这也导致东亚自由贸易区和东亚全面经济伙伴关系难以取得实质性突破。

与此同时，在亚太经济合作组织（APEC）框架下的智利、新加坡和新西兰开始讨论区域性经济合作。2006年，文莱申请加入该谈判，构成了P4区域经济合作协定，并正式生效。2008年P4讨论深化金融服务业与投资的自由化水平，正是这次的深化讨论使一直对金融和投资感兴趣的美国申请加入P4集团，从而P4也正式更名为《跨太平洋伙伴关系协定》。所以，《跨太平洋伙伴关系协定》在成立之初就是为了建立高水平的区域贸易与投资模式，这与《区域全面经济伙伴关系协定》的区域互助的初衷并不相同。2010年，澳大利亚、秘鲁、越南陆续加入，2013年，日本宣布加入，使《跨太平洋伙伴关系协定》得到了快速发展。伴随日本的加入，《跨太平洋伙伴关系协定》在东亚区域的影响力也随之提升。同为东亚区域的经济合作组织，《跨太平洋伙伴关系协定》向东亚的扩张无形中也推动了《区域全面经济伙伴关系协定》的发展。2013年5月的

“10+6”会议上，各国宣布加快构建“10+6”区域经济合作。《全面与进步跨太平洋伙伴关系协定》和《区域全面经济伙伴关系协定》分别在2018年12月和2022年1月正式生效。二者的签订为东亚区域合作带来了新机遇，也意味着东亚的区域合作进入了深度融合的时代。

《区域全面经济伙伴关系协定》和《全面与进步跨太平洋伙伴关系协定》在协议的内容上也存在不同，这决定了两者将会在不同层面推动东亚的区域经济合作。表2分别列出了《区域全面经济伙伴关系协定》和《全面与进步跨太平洋伙伴关系协定》所包含的协定内容，两个协议既存在共同点，也存在较大的差异。例如，两协议在商品与服务贸易、投资规则、卫生与动植物防疫、知识产权保护等方面都延续了世界贸易组织框架下的内容。此外，电子结算、竞争政策等世界贸易组织框架下没有涉及的内容也在两个协定中有所体现。在协议内容的差异方面，《全面与进步跨太平洋伙伴关系协定》更加关注国有企业、劳动规则和环境规则等方面的标准制定。此外，国有企业、民营企业和外国企业在《全面与进步跨太平洋伙伴关系协定》中会得到同等待遇，政府补助等优惠待遇都被明确禁止。在劳动规则方面，强制劳动与童工劳动力以及职业与用工上的歧视等都被明确禁止。这些要求对于大多数的发展中国家还很难达到。所以《全面与进步跨太平洋伙伴关系协定》的协议内容决定了这一区域经济合作的重点在于更高水平的贸易投资规则，这些都更加适用于处于部分经济发展阶段顶层的国家和区域。

相较于《全面与进步跨太平洋伙伴关系协定》,《区域全面经济伙伴关系协定》在商品与服务贸易、电子结算等方面的标准更加宽泛。同时,《全面与进步跨太平洋伙伴关系协定》要求所有加盟国的贸易商品都需要严格执行100%的零关税标准,而《区域全面经济伙伴关系协定》中大多数成员都将这一标准维持在90%左右。所以,《区域全面经济伙伴关系协定》更加具有包容性,对待不同的加盟国保留了一定的弹性空间,更加适合发展中阶段的国家和区域。一些学者认为,目前《区域全面经济伙伴关系协定》是比较适合东亚区域的经济合作模式,它兼容了东亚各国不同的发展阶段,能够有效地融合区域发展的要素。[①] 东亚各国在《区域全面经济伙伴关系协定》的框架下得到一定程度的经济发展,同时又渴望更加开放的区域经济合作模式时,可以考虑将《区域全面经济伙伴关系协定》与《全面与进步跨太平洋伙伴关系协定》进行整合,从而形成更加深度融合的东亚经济一体化合作模式。

表2 《区域全面经济伙伴关系协定》与《全面与进步跨太平洋伙伴关系协定》的比较

协定内容	《区域全面经济伙伴关系协定》	《全面与进步跨太平洋伙伴关系协定》
商品贸易的市场准入	△	△
原产地原则	△	△
贸易的税务便利化	△	△

① 浦田秀次郎「東アジアにおける自由貿易協定の展開と現状」、『アジア太平洋討究』、2018年第32卷、31—45頁。

续表

协定内容	《区域全面经济伙伴关系协定》	《全面与进步跨太平洋伙伴关系协定》
纺织与纺织制品	△	△
贸易救助	△	△
卫生与动植物防疫	△	△
贸易的技术保障	△	△
投资规则	△	△
跨境服务贸易	△	△
金融服务领域	△	△
商务人士的入境便利	△	△
电气通信领域	△	△
电子结算领域	△	△
政府采购	△	△
正当竞争政策	△	△
国有企业		△
知识产权	△	△
劳动限制		△
环境限制		△
合作与能力建设	△	△
竞争力与商业便利化		△
开发规则	△	△
中小企业	△	△

续表

协定内容	《区域全面经济伙伴关系协定》	《全面与进步跨太平洋伙伴关系协定》
商业规则的完备性		△
制度透明性与腐败		△
制度与规定	△	△
纷争解决	△	△

资料来源：浦田秀次郎「米国抜きで進むアジア太平洋地域経済統合において高まる日本の役割」、『ERINA REPORT（PLUS）』、2021年、3—8頁。

注：△表示协定含有的内容，空白表示协定不包含的内容。

日本积极推动了《全面与进步跨太平洋伙伴关系协定》的快速生效，间接促进了《区域全面经济伙伴关系协定》的最终生效，为东亚经济一体化朝着更深度的方向发展提供了重要基础。然而，要想进一步深化东亚经济一体化的进程，依然离不开中日韩三方的共同努力。虽然日本和中国在《区域全面经济伙伴关系协定》的框架下存在竞争关系，但是必须深刻认识到《全面与进步跨太平洋伙伴关系协定》和《区域全面经济伙伴关系协定》为东亚一体化所带来的历史性机遇。只有更加开放和包容的区域经济合作才能让所有国家和地区共享要素市场开放所产生的经济增长。为此，中日韩以及东盟国家应该抓住这一历史性机遇，不断升级区域经济合作水平，共同推进东亚经济一体化的融合，为实现东亚区域的经济繁荣作出更大的努力。

四、结语

在欧美区域经济合作的快速发展与日本经济增长长期停滞的双重背景叠加下，日本政府开始寻求参与区域经济合作，利用20多年的时间逐步深化了日本的区域经济合作网络。日本还积极推动《全面与进步跨太平洋伙伴关系协定》快速生效，助推了处于竞争关系的《区域全面经济伙伴关系协定》顺利签订并生效，继而在东亚区域形成了《全面与进步跨太平洋伙伴关系协定》和《区域全面经济伙伴关系协定》共存的历史性机遇，为东亚经济一体化朝着更为深度融合的方向发展提供了重要基础。在此基础上，日本也利用《全面与进步跨太平洋伙伴关系协定》和《区域全面经济伙伴关系协定》的双重成员身份，强化了其在东亚区域经济合作中的话语权。但是，目标在于更深层次的区域经济合作，日本、中国和东盟国家还应该继续强化彼此的合作机制，加强区域内的对话与沟通机制，共同推动区域内各国的经济增长。

此外，《区域全面经济伙伴关系协定》的辐射面向东可以涉及日本、韩国和澳大利亚，向西包括越南、老挝和缅甸，为畅通中国与全球重要经济体之间的经济发展圈提供了重要保障，对落实高质量共建"一带一路"的设想具有极为重要的战略意义。因此，中国作为亚洲最大的经济体，还应该加快推进区域经济合作的步伐，积极强化中日、中韩以及中国—东盟的经济合作，提升中国在东亚区域经济合作和经济一体化过程中的话语权，为实现更深层次的区域合作发挥更重要的作用。

韩国文化走向海外的三条路径

王晓玲*

摘　要　“韩流”“海外韩国学”与“文化外交”是韩国文化走向海外的三条道路，企业、学术界与政府分别是这三条道路的主导者。三条道路所追求的目标、遵循的理念不同：“韩流”追求经济利益，因此积极融入多种文化环境，客观上推动了韩国文化的全球化和去韩国化；“海外韩国学”追求与全球学者合作共建全球知识体系，把参与构建多元的全球化的学术空间作为目标和方法；政府主导的“文化外交”活动则以提升韩国的全球影响力、美誉度和塑造民族文化自豪感为目标，因此，更多地强调韩国文化的独特性。厘清韩国文化走向海外的这三条道路，有助于人们理解推动文化交流的动力和动机，思考对外文化交流的合理路径。

关键词　韩流；海外韩国学；文化外交

* 王晓玲，中国社科院亚太与全球战略研究院副研究员。

韩国文化走向海外大致开始于20世纪90年代后半期，在迄今为止的30年里取得了显著成就。以有着相似传统文化禀赋的日本为参照，虽然韩国人口数量为日本的41.1%，[①] 跻身发达国家的时间比日本晚了约25年，[②] 但韩国的影视产品出口额在2019年已经超过日本，[③] 韩国流行音乐（K-POP）频繁出现在公告牌百强单曲榜（Billboard Hot 100）中，韩国电影也多次斩获奥斯卡等国际奖项。由此可见，韩国文化在走向海外的道路上追赶速度很快，作为一个小语种文化在全球范围内取得了令人瞩目的成就。中国学术界和媒体长期以来对于韩国文化的海外传播有着浓厚兴趣，围绕“韩流”产业的成功原因展开了很多探讨，主要强调韩国政府在其中的推动作用。笔者认为，“韩流”是韩国文化生态系统中的一部分，而韩国政府出台的文化产业政策也只是推动“韩流”走出去的因素之一。本文尝试从一个更宽广的视角描述韩国文化走向海外的基本面貌，即关注三条有明确主导者和目标的路线，分别是政府协助、企业主导的“韩流”，政府搭台、学术界主导的“海外韩国学”以及政府开展的“文化外交”。三条道路的主导者不同、所追求目标不同，三条道路并行但影响力相互叠加，共同构成了今天韩国文化海

① 2022年韩国统计厅显示韩国预测人口数量为5174万，而日本总务省的人口调查结果显示日本人口数量为1.2586亿。

② 韩国的人均GDP在2017年超过3万美元，在2021年被联合国贸易和发展会议认定为发达国家。而日本GDP总量在1968年跃居世界第二，国际影响力大幅增强，1992年人均GDP超过3万美元。但以人均GDP 3万美元为标准计算，韩国成为发达国家比日本晚25年。

③ 《日媒称韩流势头压倒日流，内容出口5年翻番》，新浪网，http://k.sina.com.cn/article_6004281123_m165e20f23020015dn6.html，2022年1月12日。

外传播的总体图景。

一、“韩流”

“韩流”是指韩国文化产品在海外的流行现象。“韩流”现象最早出现在20世纪90年代中后期的东亚地区，2010年以后逐渐走向全球，是韩国文化海外传播中发展速度最快、影响人群最广泛的一条路径。“韩流”文化产品的核心是影视、音乐、游戏，外围则是饮食、化妆品、服装、整形、观光等消费产品。文化产业已经成为韩国的重要出口产业，而且“韩流”的影响无法以金钱来估算，“韩流”还提升了韩国制造的品牌价值，影响了“韩流”消费者的审美、生活方式乃至价值观念，助推了“韩语热”，提升了韩国的国家形象，增强了韩国民众的文化自豪感。

（一）政府与企业在“韩流”产业发展过程中的角色

政府在韩国文化产业发展过程中采取“仅支援不干涉”政策。在“韩流”产业发展初期，政府的角色是引导、推动、监督，为产业发展提供基础设施、培养人才。20世纪90年代的韩国面临产业升级，亚洲金融危机加速了韩国经济的全球化，加剧了高学历年轻人的失业现象。在这样的背景下，金大中政府提出“文化立国”的口号，希望把文化产业打造成为韩国经济新的增长点。90年代末，韩国政府相继颁布了《国民政府新文化政策》《文化产业发展五年计划》《文化产业推进计划》《文化产业振兴基本法》等十几部政策法规，并通过建设工业园区、提供税收优惠、协助融资等方式扶植文化产业发展。此后，历届韩国政府持续推动文化产业发展，不断修改相关法规，发布文化产业发展战略，成立相应的政府服务机构。韩国政府为推动整个文化内容产业以及“韩流”文化产品出口所做的努力主要包括以下几方面。

第一，不断完善、严格执行知识产权相关法律，以保护文化产品创作。一方面建立起了为文化产品付费的消费环境；另一方面通过“内容争议调解委员会”（Content Dispute Resolution Committee）等机构维护公平的市场环境。第二，推动文化产业投资。政府一方面通过分配财政预算和建立基金等方式直接为文化产业投资；另一方面也通过设立“内容价值评价中心”等方式为文化内容产品进行价值评估，以帮助企业获得市场投资和贷款。第三，向文化产业企业提供减免税收等优惠政策。第四，培养与文化产业、文化贸易相关的人才。不仅文化体育观光部下属的“韩国内容产业振兴院”（KOCCA）等政府机构积极开发和提供“韩流”产业相关课程，韩国高校中与“韩流”、文化内容、文化贸易相关的专业也越来越多。第五，建立行业标准，如电影电视剧的分级制度等。第六，运营面向海外的电台、电视台，如英文电视台“阿里郎国际电视台”等。第七，为文化企业出海提供孵化服务。例如，“韩国内容产业振兴院”就致力于研究和出台有助于文化产业发展的政策，为文化内容企业提供创业空间、设施和课程，推动内容产业相关技术开发，为内容产业出口建立营销平台和海外商务中心，为文化企业寻找海外买家、介绍海外市场动向、构建海外商业网络、提供海外硬件设备等。

在“韩流”出口遇阻时，韩国政府及时组织外贸、企业、学术界开展共同研究，思考“韩流”的可持续发展，有针对性地制定支持政策，稳定行业信心，强化政府的服务功能。例如，2005 年前后“韩流”在东亚地区遇阻后，韩国设立了“亚洲文化产业交流财团”，由总理主持研究“持续扩大韩流的政府支援方案”，由政府牵头成立“韩流政策咨询委员会”等机构，对“韩流”遇阻的原因进行反思，并制订突破方案。2020 年新冠疫情暴发，面对“韩流”出口受阻的状况，韩国政府又出台了一系列文化产业发展战略，帮助文化产业企业把线下的文化产品消费转移到互联网上。

韩国政府对文化产业采取“不干涉”态度，主要体现为不直接干涉文化产品内容创作、不干涉文化企业的经营活动。韩国文化产业的发展在内容方面主要接受社会监督，在经营活动中则遵从市场规律。在文化产业发展的过程中，政府对文化产品内容的监督总的来说是越来越弱。以“公演伦理委员会”为例，这一机构设立于 1976 年，曾经负责对舞台演出、电影、音乐、音像制品等文化内容产品及其广告进行审查。委员会委员由艺术、舆论、广播、出版、演出、教育界专家组成，需通过文化体育观光部部长认可。由于在审查过程中引发的社会争议越来越多，韩国在 1998 年废除了这一委员会，同时设立“影像分级评审委员会”，仅对影视作品的受众年龄进行分级。对于“韩流”文化产品的内容，韩国政府的态度是“支持但不干涉”。这一原则已经成为韩国社会的共识。朴槿惠政府炮制“文化界黑名单”的事件曾经引发文化艺术界的激烈批判，后来被韩国宪法法院裁定为“违宪”。2022 年，讽刺尹锡悦夫妇的漫画作品在韩国漫画节获奖后遭到文化体育观光部警告的事件再次引发韩国社会的激烈批判。这些案例都从侧面说明政府与文化产品创作本身保持一定距离。无论在国内还是国际市场，韩国文化内容产业接受社会舆论的监督和约束，在经营活动中则以盈利为目标。因此，韩国文化内容产业的发展方向受市场需求的引导。自“韩流”现象出现以来，韩国文化产业日益瞄准国际市场，不断学习和融入海外不同的文化环境，这一过程使得“韩流”文化自身不断演变。

（二）“韩流”的发展方向

“韩流”的发展历程可以大致分为三个阶段。第一阶段，成熟的韩国文化产品出口到与之文化相近的东亚邻国；第二阶段，韩国的文化企业与海外文化企业展开深入合作，开始了资本、人力、市场的融合，再次在东亚邻国流行，并开始走向欧美等地区；第三阶段，“韩流”成为全球性的文化现象，在内容上进一步融入全球主流文化。总的来看，“韩流”的发展过程是一个韩国文化全球化乃至去韩国化的过程。

“韩流”的第一阶段是 20 世纪 90 年代后半期至 2003 年前后，这段时间里，“韩流”主要在中国、日本、越南、泰国、蒙古等东亚邻国流行，主要产品是电视剧、音乐、游戏等，主要流通平台是传统的电视频道、电台、游戏服务网站、音像制品、现场音乐会。这一阶段走向邻国的“韩流”文化产品是已经在韩国国内市场上得到认可的成熟产品，这些产品出口到与韩国具有文化亲缘性、“文化折扣”① 较少的东亚国家。2003 年在日本播出的电视连续剧《冬日恋歌》以及 2005 年在中国播出的电视连续剧《大长今》标志着第一阶段“韩流”的热度达到顶峰。此后，日本和中国先后出现“嫌韩流”现象，第一阶段“韩流”落潮。这次“嫌韩流”的出现有多种原因，其中有两方面原因来自“韩流”本身。第一，“韩流”文化产品单向流入东亚各国，冲击了当地文化产业市场，引发了当地文化产业的抵制。中国在 2004 年出台的《境外电视节目引进、播出管理规定》，就是对国内影视产业呼吁保护国内市场的回应。根据规定，“各电视频道每天播出的境外影视剧，不得超过该频道当天影视剧总播出时间的 25%；每天播出的其他境外电视节目，不得超过该频道当天总播出时间的 15%；未经广电总局批准，不得在黄金时段（19：00—22：00）播出境外影视剧”。② 这一规定的出台以及不断上涨的韩国影视剧价格大大抬高了“韩流”出口中国的门槛。第二，第一阶段的“韩流”文化产品在制作过程中以韩国本土观众为受众，缺乏对海外文化的深入了解，文化民族主义色彩浓

---

① 文化折扣（Cultural Discount）是霍斯金斯（Colin Hoskins）和米卢斯（R. Mirus）提出的概念，指因文化背景差异，国际市场中的文化产品不被其他地区受众认同或理解，从而导致其价值降低。

② 《境外电视节目引进、播出管理规定》，国家广播电视总局，2015 年 5 月 21 日，http://www.nrta.gov.cn/art/2015/5/21/art_1588_43710.html。

厚，由此引发了文化争端。一些作品中存在贬低他国文化的现象。韩国电视剧中出现的中国人和日本人形象往往愚蠢且傲慢，由于对其他文化缺少深入了解而无意中冒犯其他宗教的现象也时有发生，这种现象引发了海外受众的不满。还有一些“韩流”作品则暴露了东亚国家之间的历史观差异。例如，《大长今》等电视剧就加剧了中韩网民围绕“中医”与“韩医”的本源之争；《朱蒙》等电视连续剧则引发了历史观的冲突。

“韩流”的第二阶段大约是从 2010 年持续至 2017 年前后。在这段时间里，“韩流”再次在中国、日本等东亚国家流行，同时也开始走向中亚、南亚、欧美、南美等全球市场。在第一阶段“韩流”遇阻后，韩国坚定不移地推动文化产业出口，学术界、文化艺术界、文化企业以及政府商务部门的专家们围绕第一阶段出现的问题进行了反思，在第二阶段的“韩流”制作中开始探索韩国文化的全球化道路、“韩流”的可持续发展。第二阶段的“韩流”与第一阶段相比呈现出以下三点不同。一是传播的主要渠道和首要渠道不再是电台、电视台等传统媒体，而是更加快捷的互联网视频。二是这一阶段“韩流”产品的技术手法、题材选择、审美偏好、价值理念与在全球文化中占据中心位置的欧美文化更加趋近。2012 年走红全球的《江南 Style》无论其音乐风格、画面剪辑还是对后现代社会不合理现象的讽刺态度都贴近欧美文化审美。这一时期“韩流”电视剧的主题也不再局限于“灰姑娘”、唯美爱情、家庭伦理、天道酬勤等“韩国特色故事”，而是出现了越来越多的全球流行主题，如律政、医生、成功女性、超能力、灾难等。三是韩国文化内容产业与海外文化产业开始深入合作，出现了人才、市场和资本的融合。韩国的演艺公司更加积极吸纳海外年轻人，将其培养为“韩流明星”。与此同时，“韩流”企业还将“练习生”等“韩流生产工序”引入海外市场，在海外复制“韩流”企业。为了更好地进入海外市场，韩国文化企业积极吸纳海外资本，如中国资本就一度成为SM（S. M. Entertainment）等“韩流”代表性企业的第二大股东。跨国资本合作加速了市场的统一，很多产品在制作之初就筹划同时推出海外版本或者后期在海外翻拍。例如，2015 年前后中国地方电视台曾引进多部韩国综艺节目，而《好医生》等电视剧则被美国翻拍并取得成功。由于越来越多的产品在制作时就瞄准海外市场，因此在制作过程中充分考虑海外受众的喜好，无论文化产品本身还是艺人，都在有可能引发国家间文化争端、情感冲突的问题上态度更加谨慎。为了能够第一时间在中国播出，一些韩剧的制作放弃了“边播边拍”的制作模式，改为“先拍后播”，以便在中国审查通过后能够在中韩两国同时上映。“韩流”企业不仅输出文化产品，也与消费者积极互动，输出“韩粉”“饭圈”等“韩流”消费文化，培育“韩流”消费市场，而这种做法对很多国家的文化市场产生了深远影响。“韩流”产业虽然以盈利为目的，但是进入第二阶段之后，客观上走向了淡化文化民族主义、包容“他文化”的道路，有利于培养韩国文化空间里的多元文化思维。

“韩流”的第三阶段是 2017 年至今。受“萨德摩擦”影响，

"韩流"文化产品对中国的出口自 2017 年起出现断崖式下跌，韩日间的历史摩擦同时也阻碍了"韩流"向日本的输出。"韩流"文化产品在东北亚市场遇阻后加速了向其他地区的流动。2017—2020 年，韩国文化内容产业在中国（包括香港和台湾地区）的出口额增长了 9.2%，在日本减少了 14.5%，在东南亚、北美、欧洲以及其他地区各增长了 36.1%、34.4%、34.0% 和 37.2%。[①] 进入第三阶段，韩国文化内容产业始终坚持出口导向，进一步强化对海外不同文化市场的研究。这种研究既有区域性的也有主题性的，如对欧美国家文化发展趋势的研究、对中亚和东南亚多元宗教文化的研究、对全球年轻人文化和消费习惯的研究、对女性主义的研究、对文化多元主义的研究等。随着实践经验和研究不断积累，韩国文化产业与多国文化产业不断深化合作，"韩流"对全球主流文化话语的驾驭日益纯熟。[②] 近年来，电影《寄生虫》获得奥斯卡最佳影片奖、《鱿鱼游戏》通过奈飞（Netflix）平台走向全球，这些都标志着"韩流"持续追求内容、资本、渠道和受众的全球化并取得了显著成就。无论《寄生虫》还是《鱿鱼游戏》，其制作团队都非常熟悉欧美主导的全球艺术审美，这些故事讲述的也是贫富分化、社会竞争、现代社会中人的异化等全球社会共同关心的主题。无论艺术表现方式、价值观、传播渠道还是后期宣传都具有全球化的特点，同

① 양수영, 이성민: 「한류의 발전과정과 향후 전망」, 『KOCCAFOCUS』 통권 138 호, 2022: 16-21

② 양수영, 이성민: 「한류의 발전과정과 향후 전망」, 『KOCCAFOCUS』 통권 138 호, 2022: 23

时又保留了韩国的文化面孔，是以全球性的文化标尺对韩国文化符号进行的重组。

二、海外韩国学

“海外韩国学”的发展影响着全球思想界对韩国文化的认识，属于思想界的文化交流，也是文化“走出去”不可或缺的一部分。广义的韩国学包括一切与韩国相关的学术领域，狭义的韩国学指从区域特殊性视角出发，针对韩国历史、语言、文化、思想、地理等领域开展的研究。[①] 而当学者们谈论“海外韩国学”时，使用的多是狭义韩国学概念。“韩国学”一词在20世纪90年代之前曾经与“国学”“民族学”混用，[②] 后来被理解为“区域学”。

（一）政府与学术界在海外韩国学发展过程中的角色分担

韩国自20世纪90年代起开始构建海外韩国学。初期的海外韩国学主要由政府推动，2005年以后政府逐渐将学术研究的主导权交给了学术界，政府只负责进行相关的硬件建设。

负责支援海外韩国学的政府机构是韩国国际交流财团。韩国国际交流财团成立于1991年，是外交部下属财团，目前被韩国《公

① 林玄镇：《韩国学全球化的战略方法论——基于韩流经验的研究》，范柳编译、朴光海校译，《当代韩国》2021年第3期，第101页。

② 백영서：「지구지역학으로서의 한국학의（불）가능성-보편담론을」，『동방학지』제147권，2009：4-5

共外交法》承认的唯一的公共外交机构。韩国国际交流财团从公共外交视角出发，以扩大韩国文化影响、提升韩国文化美誉度为目的，从1994年开始对政府的海外韩国学援助项目进行统筹管理，援助对象主要是海外的高校和研究机构。为了更加高效地开展工作，财团在2000年以后开始在海外设立分支机构。截至2022年，韩国国际交流财团在18个国家100个大学里设立了156个韩国学教职，支援了43个国家智库的764项研究，邀请12 000多名各个领域的领导者访韩。①

韩国国际交流财团的海外韩国学支援业务主要包括以下八个方面。第一，为在海外高校增设或者保持韩国学教职提供经济援助。欧美高校在其中占比较大。这是因为欧美高校的教职设置受社会捐助影响大，而“韩国学”面临同属于“东亚研究”的“中国学”和“日本学”的竞争，因此较为依赖韩国政府、企业的援助。第二，向海外高校的韩语系、韩国学专业、韩国学研究中心提供书籍、课件、研究资料。第三，与“国际协力团”等政府出资的民间组织以及高校合作，向海外派遣韩国语教师，邀请海外韩国语系的教师和学生访韩学习。第四，向海外图书馆提供“韩国学”研究相关书籍和资料，派遣和雇用韩国学相关的图书管理员。第五，在海外组织韩国学学术会议以及联谊会，面向韩国以及海外的韩国学学者构建韩国学学术共同体。第六，邀请并资助海外学者、公务员、

---

① 参见韩国国际交流财团网站，https://www.kf.or.kr/kf/cm/cntnts/cntntsView2.do?mi=1155，访问日期：2023年7月5日。

外交官赴韩进行短期研究、进修、文化体验。第七，构建并向海外开放“韩国研究电子资料”数据库。第八，制作和运营“KF国际e-school”互联网课程，向海外高校免费开放。

负责推动海外韩国学的学术机构是韩国学中央研究院。韩国学中央研究院的前身是成立于20世纪70年代的政府研究机构精神——文化研究院。精神文化研究院在2005年改称韩国学中央研究院，是一个由人文社会科学学者构成的研究和教学机构。2007年，韩国学中央研究院设立了“韩国学振兴事业团”，开始参与海外韩国学建设。2015年，韩国国际交流财团将设立研究项目、面向海外研究者进行项目招标、组织学术研究团队等业务移交至韩国学中央研究院，韩国学中央研究院则把韩国学教授的海外派遣业务移交至国际交流财团，二者完成了清晰的分工。目前，韩国学中央研究院的“海外韩国学事业”主要包括“海外韩国学种子项目”“海外韩国学重点核心大学培养项目”“韩国学世界化实验室项目”“韩国学战略研究所培养项目”“韩国学术翻译项目”等。“海外韩国学种子项目”对韩国学教育基础薄弱的海外高校和学术机构提供支援，资助其培养韩国学人才、开发韩国学教育课程；“海外韩国学重点核心大学培养项目”在海外高校中选定具有韩国学研究、教育基础的高校，向其提供长期支援；“韩国学世界化实验室项目”支援韩国学者与海外学者的共同研究，目标是生产具有世界影响力的学术研究成果，建立韩国学的国际研究网络；“韩国学战略研究所培养项目”支援已经有一定研究基础且较为稳定的海外韩国学研究所、韩国研究中心，为其提供长期研究支援；“韩国学术翻译项目”支援韩国古典、近现代学术成果的英文翻译工作。[①]

（二）海外韩国学的发展方向

对比韩国国际交流财团，韩国学中央研究院对海外韩国学内涵、目标与发展路线的认识完全不同。韩国学中央研究院在其网站上将韩国学定义为“研究韩国文化与韩国人在与世界（其他文化、其他人）沟通的过程中所取得的成果的学问”，指出“韩国学是韩国的，同时也是世界知识的一部分，韩国学在追求韩国固有价值的同时也追求（全人类）普遍价值”。[②] 也就是说，学术界主导的韩国学不再是本土韩国学的海外传播，也不再以提升韩国文化的影响力和美誉度为目的，而是把韩国学定义为开放的全球性的学术空间。学者们希望通过韩国学实现文化间的相互学习，希望为全球学术界提供韩国经验，并与全球学术界合作。韩国学的最终目的是生产适用于全球、地区、本国等多层面的知识，打破欧洲中心主义，使韩国文化成为全球多极文化中的一极。[③]

基于上述理念，韩国学中央研究院以及各高校内的韩国学研究机构对海外韩国学的构建路径进行了改革。第一，打破学科界限，

---

① 韩国学中央研究院网站，https://www.aks.ac.kr/com/cmm/EgovContentView.do?menuNo=501 0110000&lang=kor，访问日期：2023 年 6 月 13 日。

② 韩国学中央研究院网站，https://www.aks.ac.kr/com/cmm/EgovContentView.do?menuNo=501 0110000&lang=kor，访问日期：2023 年 6 月 13 日。

③ 王晓玲、董向荣：《韩国“海外韩国学”构建路径的转向：从单向传播到多元互动》，《东北亚学刊》2022 年第 6 期，第 126—128 页。

把本土韩国学和海外韩国学都建设成多学科交叉的学术空间。以课题组的形式开展研究，在课题组构成中刻意兼顾不同学科的视角。第二，清除韩国学的国界壁垒，在全球范围内构建韩国学研究的学者合作网络。韩国学中央研究院为此设立了“韩国学全球化研究室项目”，这一项目积极邀请海外各个学科领域里的优秀学者，希望以此提升韩国学的学术水平和影响力。[①] 第三，为了向全球学者提供韩国经验、吸引海外学者在研究中关注韩国经验，韩国学中央研究院以及诸多韩国高校的韩国学研究机构都积极投入韩国学研究基础资料的整理翻译工作。韩国学中央研究院多年来持续推动古籍的整理、注释以及数字化建设，将这些资料向海外研究者开放。研究院还设有“韩国学学术翻译”项目，遴选有学术价值的韩国学相关论著，将其翻译成英文出版。第四，在打破学科壁垒、国界局限的基础之上，尝试发掘具有全球意义的研究主题，希望通过这种研究发现适用于全球的知识。[②] 例如，韩国学中央研究院 2022 年的重点研究项目中有一项“互惠与协同”研究，研究规划分为三个层面：第一个层面是朝鲜王朝时期社会组织与共同体运作中的互惠与协同案例；第二个层面是互惠与协同的理论研究；第三个层面是 21 世纪韩国社会的互惠与协同研究。互惠与协同这种基本概念既能容纳韩国文化特性，也是全球所有社会追求的基本价值，可以在国

① 王晓玲、董向荣：《韩国“海外韩国学”构建路径的转向：从单向传播到多元互动》，《东北亚学刊》2022 年第 6 期，第 126—128 页。

② 林玄镇等：《韩国学全球化的战略方法论——基于韩流经验的研究》，《当代韩国》2021 年第 3 期，第 108 页；金愿：《冷战、民主化以及韩国学研究》，《韩国学》2019 年第 42 卷第 2 号，第 45—46 页。

别、区域和全球三个空间内展开研究与探索。概言之，“海外韩国学”的发展方向与“韩流”相似，都有着全球化、去韩国化、淡化民族主义的特点，与政府主导的文化外交存在显著区别。

三、政府文化外交

在“韩流”和“韩国学”走向海外的过程中，政府在初期发挥了更多作用，后来逐渐让位于企业和学术界，承担起服务和协助角色。除此之外，韩国政府也进行文化外交，文化外交也是韩国文化走向海外的路径之一。政府推动的文化外交活动，其目的与理念没有发生过明显改变，始终宣传韩国文化的独特性和优秀性，希望借由文化传播提升韩国的美誉度。目前政府主导的文化外交活动主要包括三部分：一是签订政府间的文化交流年、观光年、文化庆典等短期文化交流项目；二是推动面向普通人的韩国语教学以及韩国文化宣传；三是通过登记世界文化遗产等方式保护和宣传韩国文化。

政府领导人互访以及地方城市缔结姊妹关系时往往会签订开展交流年、观光年、文化庆典等文化交流项目的协议，以烘托国家间友好氛围，推动民间交流进一步发展。这些项目大多由相关部门具体推动，以政府预算与民间企业共同出资的方式完成。无论相关论坛、图片展、文物展、艺术演出还是美食节，其持续时间较短，参与人群往往局限于相关领域以及长期活跃在两国人文交流第一线的民众。观光年之类涉及范围较广的项目则更多地受到观光产业自身发展规律的影响，同时也受国家间关系热度的影响，观光年本身对推动游客往来的效果有限。以中韩之间的观光年项目为例，每年都曾经被指定为文化观光年，但两国游客数量在这些年并未出现显著增长。

韩国文化体育观光部于2001年设立韩国语世界化财团，面向普通外国人在当地线下或者互联网上提供韩国语学习课程，同时也介绍韩国文化、开展韩国文化体验活动。2012年，韩国语世界化财团改名为世宗学堂财团。截至2016年底，韩国已经在54个国家设立了171所世宗学堂。[①] 世宗学堂的韩国学课程以韩国语为主，同时有较为浅显的韩国文化介绍类课程。除此之外，韩国还在12个国家设立了16个韩国文化院，韩国文化院以增进国家间文化交流、宣传韩国文化为目的，主要活动内容包括举办展览，韩国美食节，韩国传统舞蹈、音乐演出、演讲、体育活动以及青少年活动，也为相关的艺术和学术活动提供支援。[②] 韩国国际交流财团经常在海外举办韩国文化展，目前该财团已经在10个国家的28个博物馆里设立了长期的“韩国展室”。[③]

韩国政府非常重视传统文化的保护、产业化以及海外宣传，在文化体育观光部下设有专门的文化财厅负责相关工作。文化财厅把

---

① 参见世宗财团网站，https://www.ksif.or.kr/ste/ksf/hkd/lochkd.do?menuNo=20101800，访问日期：2023年7月5日。

② 参见韩国文化院联合会网站，https://kccf.or.kr/dspv1User/UserMain.do，访问日期：2023年7月5日。

③ 参见韩国国际交流财团网站，https://www.kf.or.kr/kf/na/ntt/selectNttList.do?mi=1131&bbs Id=1051，访问日期：2023年7月5日。

在联合国教科文组织注册更多的世界文化遗产以提升韩国文化竞争力、在世界范围内宣扬韩国文化遗产价值以推动“文化遗产韩流”作为工作目标。[①] 截至2022年，文化财厅已经在世界教科文组织成功登记了15处“世界遗产”、22项“世界非物质文化遗产”以及16件“世界纪录遗产”。[②]

四、结语

“韩流”“海外韩国学”与“文化外交”是韩国文化走向海外的三条道路，企业、学术界与政府分别是这三条道路的主导者，三条道路所追求的目标、遵循的理念并不相同。“韩流”最重要的目标是利润，为此积极融入各种文化环境，成为多元文化多向交流融合的文化空间。“海外韩国学”与全球学者合作共建全球知识体系，致力于打破学术界欧洲中心的单极全球化，推动学术领域里的多元全球化进程，使韩国成为多元全球化知识体系中的一员。为此，“海外韩国学”向全球学术界提供韩国视角、韩国经验，开展跨学科、跨国界的共同研究。推动多元文化多向交流既是“海外韩国学”的目的也是海外韩国学的路径。“韩流”与“海外韩国学”虽然出发点不同，但客观上都推动了韩国文化的全球化、去韩国化，淡化了韩国文化的民族主义色彩，培养了多元文化思维。二者不强

---

① 参见韩国文化财厅网站，https://www.cha.go.kr/main.html，访问日期：2023年7月5日。

② 同上。

调韩国文化的独特性，而是追求韩国文化与其他文化之间的同一性，但由于推动了韩国文化的全球化，客观上仍然增长了韩国人的文化自信和文化自豪感。政府主导的文化外交活动对外追求韩国国际影响力、美誉度，对内则希望塑造文化自豪感、文化凝聚力，把文化作为媒介。为此，政府在文化外交中一直强调韩国文化的独特性、民族性、优越性，走单向传播的道路，与“韩流”“海外韩国学”的方向存在明显差异。

韩国文化在走向海外的过程中走出了三条道路，这一现象为我们思考文化交流提供了新的视角。在韩国文化走向海外之初，这三条道路有相似的起点，都曾经有着弘扬韩国文化独特性、优秀性的愿望，政府都曾是这三条道路的第一推动力。但后来“韩流”与“海外韩国学”出现了道路转向，企业和学术界成为主要推动力，政府成为这两条道路上的服务者和辅助者。这样的转向为什么会出现？如何评价三条道路在韩国文化走向全球的过程中发挥的作用？对韩国文化本身又产生了怎样的影响？三条道路之间存在怎样的相互影响？这些问题都值得在后续研究中进一步探讨。

亚投行和亚开行对亚洲基础设施投资的竞合研究*

王丽琴　张珊**

摘　要　21世纪第二个十年，中国主导的亚洲基础设施投资银行（亚投行）和日本主导的亚洲开发银行（亚开行）针对亚洲基础设施建设的融资方面，展开了激烈竞争。从融资供给侧来讲，亚投行和亚开行对亚洲值得投资的基础设施项目展开竞争；从融资需求侧来讲，亚洲各国无法满足自身对基础设施投资的资金需求，因而纷纷竞争亚投行和亚开行的资金。虽然二者针对亚洲随时可实施的项目和银行愿意融资的项目展开竞争，但同时也基于共同的目标展开合作。在合作过程中，亚投行服从亚开行的主导地位，亚开行也遵循亚投行的“无条件贷款”原则。高层管理人员在两个机构之间的调动，也成为二者合作的重

* 本研究获“同济大学中央高校基本科研业务费专项资金（PA2021000281）”资助。

** 王丽琴，同济大学政治与国际关系学院副教授；张珊，同济大学政治与国际关系学院硕士研究生。

要推动因素。然而，亚投行和亚开行在国际金融层面的合作并不意味着中国和日本在国家层面的合作也能以同种程度开展。当前，中日双方之间仍然以竞争为主、合作为辅，亚投行和亚开行之间在国际金融制度层面的合作并不能改变中日在亚洲基础设施投资方面所表现出的以竞争为主的特征。

关键词 亚投行；亚开行；基础设施投资；竞合

由中国主导的亚洲基础设施投资银行（简称“亚投行”，Asian Infrastructure Investment Bank, AIIB）和日本主导的亚洲开发银行（简称“亚开行”，Asian Development Bank, ADB）在亚洲基础设施投资方面的竞争是中国和日本争夺亚洲基础设施投资主导权的一部分。2016 年亚投行正式成立，它是专门“为支撑‘一带一路’建设而成立的金融机构”,[①] 是中国主导的多边开发银行，这主要表现在以下四个方面。首先，亚投行最初就是中国提出的倡议；其次，在亚投行的初始资金 1000 亿美元中，中国出资 500 亿美元，是最大股东；再次，中国在亚投行拥有最大份额的投票权，而且亚投行总部位于北京；最后，也是最重要的，“亚投行批准的项目基本上与共建‘一带一路’所涵盖的地理范围相吻合”。[②] 因此，可以说，亚

① Hidetaka Yoshimatsu, “New Dynamics in Sino-Japanese Rivalry: Sustaining Infrastructure Development in Asia,” *Journal of Contemporary China* 113, no. 27 (2018): 724.

② Martin A. Weiss, “Asian Infrastructure Investment Bank (AIIB),” Congressional Research Service, February 2017, accessed July 18, 2022, https://fas.org/sgp/crs/row/R44754.pdf.

投行是中国推动建设“一带一路”特别是投资亚洲地区基础设施项目的重要依托。

自1966年亚开行成立以来，日本一直占主导地位。亚开行发起时，日本金融家渡边武（Takeshi Watanabe）在其中发挥了举足轻重的作用，并成为亚开行第一任行长，之后的行长一职一直由日本人担任。同时，在亚开行1600亿美元的初始资金中，日本投资占最大比例（15.7%）。可以说，日本“在亚洲开发银行的管理中发挥着不可替代的作用”。[①] 随着中国提出“一带一路”倡议并建立亚投行，日本进一步加强了与亚开行的合作，作为其加大对亚洲基础设施开发、应对中国实施“一带一路”倡议及亚投行的主要对策之一。[②] 可以说，亚开行是日本参与亚洲基础设施投资项目的重要依托。与此同时，亚开行与亚投行也存在一定的合作空间。对亚投行和亚开行在亚洲基础设施投资方面的竞合态势进行研究，有助于洞悉中国和日本在亚洲地区基础设施投资方面的竞合关系。

早在2016年亚投行成立之初，亚投行和亚开行之间的竞争与合作关系就成为中外媒体和学者热议的问题。一方面，许多学者认为亚投行和亚开行之间以竞争为主的互动关系会造成亚洲分裂的严重后果。盛思鑫和曹文炼指出，“亚洲基础设施投资银行未来与亚洲

---

① 臧扬勤：《美国、日本与亚洲开发银行的建立》，载徐蓝主编《近现代国际关系史研究》第五辑，世界知识出版社，2013，第117页。

② 2015年5月21日，日本外务省、财务省、经济产业省和国土交通省联合发布实施“优质基础设施伙伴关系”（QPI），联合亚投行，计划在2016—2020年五年内向亚洲基础设施项目投资1100亿美元。

开发银行和世界银行集团间的竞争大于合作”。[①] 赵洪认为，“中国领导的亚投行和日本领导的亚开行之间的竞争和分歧体现在双方的援助条件和援助标准的概念上……这些竞争和分歧会影响并瓦解双方之间的合作”。[②] 马尔科姆·库克（Malcolm Cook）也认为这样的竞争其“结果就是‘两个亚洲’”，[③] 即一个中国主导的亚洲和一个日本主导的亚洲。另一方面，也有学者认为亚投行和亚开行之间具有一定的合作空间。杨海提出，对亚开行来说，“亚投行并不是一个竞争性的倡议”；[④] 任晓指出，亚投行可以“补充”亚开行的工作；[⑤] 而河合正弘（Masahiro Kawai）等进一步指出，亚投行可以与包括亚投行在内的“现存多边开发银行形成互补合作”，[⑥] 而不是“与他们进行竞争”。[⑦] 安德鲁·埃莱克（Andrew Elek）则弥合了前面意见分歧的两派学者，认为，“亚投行会给世界银行和其他多边

---

① 盛思鑫、曹文炼：《亚洲基础设施投资银行的地缘政治经济分析》，《全球化》2015 年第 1 期，第 49 页。

② Hong Zhao, “China-Japan Compete for Infrastructure Investment in Southeast Asia: Geopolitical Rivalry or Healthy Competition?” *Journal of Contemporary China* 28 (2019): 566-567.

③ Malcolm Cook, “Two Asias: AIIB v ADB,” *The Strait Times*, June 5, 2015, accessed July 18, 2022, https://www.straitstimes.com/opinion/two-asias-aiib-v-adb.

④ Hai Yang, “The Asian Infrastructure Investment Bank and Status-seeking: China's Foray into Global Economic Governance,” *Chinese Political Science Review*, no. 1 (2016): 765.

⑤ Xiao Ren, “China as an Institution-builder: The Case of the AIIB,” *The Pacific Review* 29 (2016): 441.

⑥ Masahiro Kawai, “Asian Infrastructure Investment Bank in the Evolving International Financial Order,” Sasakawa USA, 2015, p. 6, accessed July 28, 2022, https://spfusa.org/wp-content/uploads/2015/07/AIIB-Report_4web.pdf.

⑦ Zongyuan Liu and Naoki Umehara, “Asian Infrastructure Investment Bank: As a New Comer in the Society of Multilateral Development Banks,” *Newsletter*, no. 2 (2017): 15, accessed July 18, 2022, https://www.iima.or.jp/en/docs/newsletter/2017/NL2017No_7_e.pdf.

开发银行带来竞争，但亚投行也有与他们合作的强烈愿望”。[①] 亚投行行长金立群坚持认为，“亚投行和其他开发银行之间没有竞争，只有合作”。[②] 他的意见得到亚开行前行长中尾武彦的热烈回应，后者多次提出国际金融格局内“有足够的空间容纳亚投行与包括世界银行和亚开行在内的其他多边开发银行展开合作”，[③] “亚开行和亚投行是合作伙伴”。[④]

通过以上学者的观点可以发现，学界就亚投行和亚开行的竞争与合作关系展开过充分讨论，但是目前并未达成一致意见。大多数学者认为亚投行和亚开行的关系以竞争为主但有合作空间，或者竞争大于合作；部分学者认为两行之间的竞争和不信任会瓦解双方的合作空间；还有部分学者认为，亚投行为世界其他银行带来竞争的同时也会带来合作；也有人认为亚投行与其他银行只有合作没有竞争。本文计划从资金需求侧和资金供给侧两个角度展开，分析亚投行和亚开行的竞争关系；同时从亚投行和亚开行两个银行本身出发，探讨双方合作的必要性。总之，本文将以亚投行和亚开行的融

---

① Andrew Elek, “The Potential Role of the Asian Infrastructure Investment Bank,” February 11, 2014, accessed July 18, 2022, https://www.eastasiaforum.org/2014/02/11/the-potential-role-of-the-asian-infrastructure-investment-bank/.

② “AIIB Cooperates with World Bank, ADB, to Approve First Batch of Projects in June,” *China Daily*, April 14, 2016.

③ Tetsushi Kajimoto, “ADB Chief Seeks to Cooperate, not Compete, with China-led OBOR, AIIB,” April 4, 2017, accessed July 18, 2022, https://www.reuters.com/article/us-adb-asia-nakao/adb-chief-seeks-to-cooperate-not-compete-with-china-led-obor-aiib-idUSKBN1800AS.

④ 孙芙蓉：《亚行与中国的合作意义重大——访亚洲开发银行行长中尾武彦》，《中国金融》2019 年第 12 期，第 18 页。

资供需侧的竞争关系为切入点，尝试从更为细致的角度详尽地分析亚投行和亚开行的竞合关系。

本文将从以下四部分展开论述。首先，本文分别从投资供给侧和投资需求侧两方面分析亚投行和亚开行在亚洲基础设施投资方面的竞争；其次，探索亚投行和亚开行在亚洲基础设施投资上合作的必要性；再次，总结可能推动双方合作的因素；最后，分析双方在国际金融制度层面的合作对中日两国在亚洲基础设施投资领域竞合关系的影响。

一、亚投行和亚开行的投资供需侧竞争

辨析中国主导的亚投行和日本主导的亚开行在亚洲基础设施投资方面的竞争关系，需从供给侧和需求侧两方面考量。从投资供给侧来讲，亚投行和亚开行展开对亚洲基础设施项目的竞争；从投资需求侧来讲，亚洲各国展开对亚投行和亚开行资金的竞争。

（一）投资供给侧亚投行和亚开行对亚洲基础设施项目的竞争

从投资供给侧看，亚投行和亚开行都斥巨资对基础设施项目展开投资。从年度投资规模来讲，亚投行在亚洲基础设施投资领域尚无法对亚开行展开有力竞争。根据 2021 年亚投行已批准项目列表统

计，其亚投行在2021年对亚洲基础设施直接投资达82.34亿美元。[①]根据可获得的亚开行2019年度报告统计，2018年亚开行在亚洲基础设施方面的投资高达185.55亿美元，约占其当年所有投资的86%。[②]

从投资规模同比增长幅度来讲，亚投行有潜力成为亚开行在亚洲基础设施投资领域的有力竞争对手。根据亚投行已批准的项目列表，2016年亚投行对亚洲基础设施项目投资达16.94亿美元，2017年达21.43亿美元，2018年达25.03亿美元，2019年达45.51亿美元，2020年达92.96亿美元，2021年达82.34亿美元。[③] 除2021年投资规模比2020年略有下降外，亚投行的投资额自2016以来呈现稳定上升趋势，平均年度增长率约为40%。根据亚投行基础设施投资目前的平均年度增长率，本研究估算，在理想的情况下，2026年亚投行的投资规模可达500亿美元。根据亚开行的2019年度报告，2016年基础设施投资184.13亿美元，2017年198.8亿美元，2018年185.55亿美元。而自2012年以来，除2018年投资规模比2017年略有下降外，亚开行投资额从2012年到2018年同样基本呈现稳定上升趋势，年度平均增长率约12%。[④] 考虑到亚投行投资额上升

---

① 参见2022年亚投行已批准项目列表，https://www.aiib.org/en/projects/list/index.html?year=2022&status=Approved，访问日期：2022年12月28日。

② ADB, *ADB Annual Report 2019*, May 2020, accessed January 20, 2023, http://dx.doi.org/10.22617/FLS20012.

③ 参见亚投行已批准项目列表，https://www.aiib.org/en/projects/list/index.html，访问日期：2023年1月10日。

④ 参见亚开行历年年度报告，https://www.adb.org/publications，访问日期：2023年1月20日。

趋势和较高的年平均增长率，排除疫情等因素的负面影响，本研究估算，在理想的情况下，亚投行 2026 年的投资额可达 500 亿美元。同时，若亚开行的投资金额和年平均增长速度稳定，亚开行在 2026 年的基础设施投资有可能增长至 500 亿美元。因此，在理想的情况下，预计 2026 年，亚投行和亚开行对亚洲基础设施投资规模相当。2026 年之后，亚投行的投资规模将远超亚开行，成为亚洲基础设施最重要的多边开发银行。此后，“除非亚投行打算投资那些世界银行和亚开行（出于合法的商业或非商业考虑而）拒绝的项目”,[①] 否则，亚投行和亚开行对亚洲基础设施项目的投资竞争将会十分激烈。

（二）亚投行和亚开行在亚洲基础设施项目投资需求侧的竞争

从投资需求侧来讲，亚洲各国对基础设施投资的需求增加，但是各国本身能投资到基础设施的资源非常有限，这无形中加剧了亚洲各国对亚投行和亚开行资金的竞争。根据亚开行 2017 年报告《满足亚洲基础设施的需要》（*Meeting Asia's Infrastructure Needs*）[②] 预测，2016—2030 年，除去气候调整成本，亚洲整体约需要 22.6 万亿美元基础设施投资，折算到每年约 1.5 万亿美元。但是，面对如此大量的基础设施投资需求，亚洲各国的投资能力却极其有限。

---

① Yun Sun, “China and the Evolving Asian Infrastructure Investment Bank,” Sasakawa USA, 2015, p. 32, accessed July 28, 2022, https://spfusa.org/wp-content/uploads/2015/07/AIIB-Report_4web.pdf.

② ADB, “Meeting Asia's Infrastructure Needs,” February 2017, accessed December 30, 2022, http://dx.doi.org/10.22617/FLS168388-2.

根据全球基础设施中心（Global Infrastructure Hub，GIH）2017年发布的调查报告《全球基础设施展望：到2040年，基础设施投资需要50个国家、7个部门》，[①] 接下来20年，亚洲目前已有的投资规模和需要的投资规模之间的差距将会越来越大。特别是部分东南亚国家，如柬埔寨、印度尼西亚和泰国等，2040年这些中低收入国家的基础设施投资缺口将是2020年的两倍。

以柬埔寨和泰国等亚洲低等收入国家和中等收入国家为例，根据《全球基础设施展望：到2040年，基础设施投资需要50个国家、7个部门》[②] 估计，以目前的投资增长速度，柬埔寨2020年有能力为基础设施项目投资19亿美元，但它的实际需求是27亿美元，这之间有8亿美元的缺口需要亚投行、亚开行等多边开发银行补充。到2040年，柬埔寨实际投资能力可达31亿美元，而需要的投资规模47亿美元，这其中的缺口拉大到16亿美元，是2020年差距的2倍。泰国是亚洲中等收入国家，对基础设施项目投资的能力较强。据《全球基础设施展望：到2040年，基础设施投资需要50个国家、7个部门》[③] 估计，2020年泰国对基础设施需要投资的规模（170亿美元）和其实际投资规模（140亿美元）之间的缺口高达30亿美元，而该缺口在2040年将攀升至60亿美元，是2020年的2倍。可以预见，这些缺口资金绝大部分只能来自亚投行和亚开行，另有少

---

① GIH, "Global Infrastructure Outlook: Infrastructure Investment Needs 50 Countries, 7 Sectors to 2040," July 26, 2017, accessed December 30, 2022, https://outlook.gihub.org/.

② Ibid.

③ Ibid.

部分资金可以由世界银行以及其他多边开发银行补充。所以，对于亚投行和亚开行对基础设施的投资，亚洲各国将会展开激烈的竞争。因为即使亚投行和亚开行倾全力对亚洲基础设施展开投资，仍远远不能满足整个亚洲对基础设施投资的需求。

亚投行和亚开行对亚洲基础设施投资项目仍处于激烈的竞争中，其根本原因是亚洲地区“缺乏足够的随时可实施的、银行愿意融资的项目”，① 特别是亚洲的中低收入的国家更是缺乏承担亚投行和亚开行贷款投资基础设施项目的能力。一方面，虽然亚洲面临巨大的基础设施投资缺口，但是由于亚洲各国的产能限制，亚洲缺少随时可实施的项目。亚投行成立过程中，许多成员已经表示过这方面的需求。为此，亚投行在 2016 年设立项目准备特别基金（AIIB Project Preparation Special Fund），中国政府捐资 5000 万美元。② 2018 年，中国香港向该基金捐款 1000 万美元，向亚投行的中低收入成员国提供赠款，③ 用于基础设施项目的准备活动，包括环境、社会、法律、采购和技术评估与分析以及咨询服务。2020 年新冠疫

---

① 参见倪建军：《亚投行和亚行等多边开发银行的竞合关系》，《现代国际关系》2015 年第 5 期，第 6 页；Zongyuan Liu and Naoki Umehara, “Asian Infrastructure Investment Bank: As a New Comer in the Society of Multilateral Development Banks,” p. 22, August 17, 2017, accessed May 18, 2022, https://www.iima.or.jp/en/docs/newsletter/2017/NL2017No_7_e.pdf; AIIB, “AIIB's Board of Directors Establish a Project Preparation Special Fund: China Provides Initial $50 Million Start-up Contribution,” June 25, 2016, accessed August 18, 2022, https://www.aiib.org/en/news-events/news/2016/AIIBs-Board-of-Directors-establish-a-Project-Preparation-Special-Fund-China-provides-initial-$50-million-start-up-contribution.html。

② “Project Preparation Special Fund,” AIIB, accessed August 18, 2022, https://www.aiib.org/en/what-we-do/special-funds/project-preparation-special-funds/index.html.

③ Ibid.

情暴发后，该基金更是加紧向中低收入成员提供相关援助。另一方面，亚洲缺少能够负担得起银行融资的项目。对亚洲的中低收入国家来说，承担亚投行和亚开行融资成本已经成为它们的一种负担。为了竞争亚洲中低收入国家的基础设施项目，亚开行在与日本合作实施官方发展援助计划期间，对低收入国家（人均国民总收入低于1045美元的国家）提供了3年的转型期软贷款融资，通常利率为0.01%，贷款期限为40年，优惠期为10年。[①] 为了竞争亚洲中低收入国家的基础设施项目，2022年3月，亚投行董事会批准设立特别基金窗口（Special Fund Window），以便“让那些欠发达成员能够负担得起融资”。[②] 该基金为亚投行中低收入成员中符合亚投行企业战略，并根据亚投行定期严格的投资流程确定的、主权国家支持的融资项目提供调低利率的融资支持。纵观亚洲，有着庞大的基础设施投资需求的往往是这些中低收入国家，而这些国家又恰恰极其欠缺负担银行融资的能力。因此，虽然这些国家在竞争亚投行和亚开行的投资资金，但同时亚投行和亚开行又不得不给这些中低收入国家提供负担得起的融资支持，进而使亚投行和亚开行之间展开竞争。

---

① “Terms and Conditions of Japanese ODA Loans (Effective from 1 April, 2022),” accessed August 18, 2022, https://www.jica.go.jp/Resource/english/our_work/types_of_assistance/oda_loans/standard/2022_1.html.

② AIIB, “AIIB Offers New Facility to Reduce Cost of Infrastructure Loans,” March 24, 2022, accessed August 18, 2022, https://www.aiib.org/en/news-events/news/2022/AIIB-Offers-New-Facility-to-Reduce-Cost-of-Infrastructure-Loans.html.

二、亚投行和亚开行合作的必要性

尽管亚投行和亚开行围绕亚洲基础设施项目融资竞争激烈，但是亚投行也有与亚开行进行合作的必要性。一方面，亚投行基于自身定位、原则和基础设施项目的性质，有必要与包括亚开行在内的其他多边开发银行充分合作；另一方面，考虑到日本的立场，亚开行也有与亚投行合作的必要。本部分分别从亚投行和亚开行两方面分析双方合作的必要性。

（一）亚投行方面的合作必要性

亚投行选择与亚开行合作的主要原因有以下三点。

第一，亚投行对自身的定位决定它有必要与包括亚开行在内的其他多边开发银行合作。成立之初，亚投行被定位为“一带一路”倡议项目融资的金融机构。早在 2014 年，习近平主席就曾经指出，“建立亚洲基础设施投资银行是要为‘一带一路’有关沿线国家的基础设施建设提供资金支持，促进经济合作”。[①] 2015 年，欧洲各发达经济体纷纷加入亚投行，如英国、德国、法国和意大利。这鼓舞并促进中国对亚投行的定位发生变化。中国希望将亚投行打造成当代国际金融治理体系中的多边开发银行，亚投行也表示“愿意资助

① 习近平：《加快推进丝绸之路经济带和 21 世纪海上丝绸之路建设》，新华网，2014 年 11 月 6 日，http：//www.xinhuanet.com/politics/2014-11/06/c_1113146840.htm，访问日期：2022 年 7 月 18 日。

所有新兴市场的基础设施项目，即使这些基础设施项目并不属于‘一带一路’倡议的范畴”。[①] 作为一个多边开发银行，亚投行有必要遵循亚开行和其他多边开发银行的最佳实践经验。“利用经验丰富的开发银行的专业知识是新银行（指亚投行）成功评估和实施项目的最有效办法，也许是唯一的办法”。[②] 亚开行恰恰是这种项目最佳实践经验的理想提供者。

第二，亚投行选择与亚开行合作的必要性来自亚投行奉行的“精简”（Lean）原则以及在此基础上打造的专业人才队伍。亚投行成立之初，行长金立群曾谈到亚投行要做一个“精简（Lean）、廉洁（Clean）、清洁（Green）”[③] 的开发银行。其中，“精简”意味着亚投行要建立一支精干、高效的管理团队。在该原则的指导下，亚投行没有设立常设董事会，因为亚投行认为“维持一个常设董事会费用昂贵，其费用大约占到银行总预算的3%—7%”。[④] 精简亚投行成立之初的外勤和内务人员总数只有50人，成立一年以后的目标是将人员数量扩充至100—150人。目前，亚投行将人数严格限制在500—600人，这个人数仅仅是亚开行工作人员数量的1/6，更只有

① “AIIB Cooperate with World Bank, ADB to Approve First Batch of Project in June,” *China Daily*, April 14, 2016, accessed July 28, 2022, http://www.chinadaily.com.cn/business/2016-04/14/content_24537140.htm.

② Andrew Elek, “The Potential Role of the Asian Infrastructure Investment Bank,” East Asia Forum, February 11, 2014, accessed July 28, 2022, https://www.eastasiaforum.org/2014/02/11/the-potential-role-of-the-asian-infrastructure-investment-bank/.

③ Zheng Yangpeng, “AIIB Chief Vows to Run Clean, Lean Green Institution,” *China Daily*, January 18, 2016.

④ Martin A. Weiss, “Asia Infrastructure Investment Bank (AIIB),” Congressional Research Service, Februay 3, 2017, p. 11, accessed July 28, 2022, https://fas.org/sgp/crs/row/R44754.pdf.

世界银行工作人员数量的 5%。可见，亚投行缺乏足够的人手进行充分的项目调研、项目评估和项目实施工作，因而不得不依赖与其他多边开发银行通力合作。

第三，必要性与基础设施项目的性质密切相关。众所周知，基础设施项目资金量大、周期长、风险高且不可流动。几乎所有的亚洲国家特别是东南亚国家都遭遇过基础设施项目暂停、终止或取消的难题。因此，亚投行有必要与包括亚开行在内的其他多边开发银行合作以共同分担风险。简言之，在亚投行初创和发展阶段，与包括亚开行在内的其他多边开发银行合作，共同投资亚洲的基础设施项目，共担风险，对亚投行来说是明智之举。

（二）亚开行方面的必要性

对亚开行而言，以下三点原因促成其与亚投行之间的合作。

首先，亚开行与亚投行合作间接为日本提供与亚投行和中国合作进行亚洲基础设施投资的机会。一方面，在亚投行成立之初，日本考虑到与中国之间的历史和领土纠纷、亚投行不同于亚开行的贷款标准和治理方式以及美国的立场而拒绝成为亚投行的初始会员。亚投行成立后，虽然日本曾提出可以有条件地加入亚投行，但实际上，鉴于亚投行今天的投资规模和成员规模，日本在短期内并没有合适的机会加入进来。亚投行和亚开行之间的合作恰好可以为日本与亚投行合作提供间接的合作机会。另一方面，日本既有动力也有压力加强与中国对亚洲基础设施投资的合作，日本的动力和压力既来自亚洲巨大的基础设施投资需求，也来自其“基础设施出口战略”[①] 制定的目标以及“一带一路”倡议和亚投行带来的强劲竞争力。2013 年 6 月，日本内阁通过《日本复兴战略》,[②] 其中提到“基础设施出口战略”，该战略制定的唯一目标就是，“将（日本）海外基础设施项目订单额从当前（指 2013 年）的 10 万亿日元增长到 2020 年的 30 万亿日元”。[③] 目前日本方面的统计显示，日本 2018 年的海外基础设施订单达到 25 万亿日元，但并没有确定数据显示日本在 2020 年是否达成了既定的目标。之后，日本于 2021 年再次提出新的目标，即到 2025 年将日本的“海外基础设施系统订单增长到 34 万亿日元”。[④] 这样的目标给日本开拓海外特别是亚洲的基础设施项目带来巨大压力。与此同时，作为后起者，中国提出共建“一带一路”和设立亚投行，占有了部分亚洲的基础设施市场份额，这也给日本带来巨大压力。所以，日本为达成其既定目标，必须与中国合作。

其次，亚开行与亚投行的合作有助于倒逼亚开行内部的改革。多年来，亚开行一直被指责资金不足、审批程序冗长、效率低下、

---

① Prime Minister's Office of Japan, "Japan Revitalization Strategy (revised in 2014)," June 24, 2014, accessed May 19, 2022, https://www.kantei.go.jp/jp/singi/keizaisaisei/pdf/honbunEN.pdf.

② Ibid.

③ Ibid.

④ Ministry of Foreign Affairs, Japan, "Japanese Diplomacy and International Situation in 2020," *Diplomatic Bluebook 2021*, accessed May 19, 2022, https://www.mofa.go.jp/policy/other/bluebook/2021/pdf/pdfs/2021_all.pdf.

项目分布范围过广，美国和日本等利益相关方一直主张对其进行改革。[①] 但亚开行的改革并非一帆风顺，主要原因之一是其改革受美国和日本共同影响，若有一国对改革存疑，改革便难以推进。在亚投行筹备时期和成立前期，日本对亚投行的成立和影响力一直保持消极态度，尽管此时亚开行的问题已经暴露，但日本并未将亚投行当作可能的竞争对手，因此也未将亚开行的改革提上日程。随着亚投行的实力和影响力逐渐增强，利益相关方对亚开行改革的呼声也愈发高涨。在资金、审批程序和项目方面，亚投行是可参考的实践案例，因为亚投行的资金规模增长更快，审批程序更简单，基础设施项目也更加集中。虽然亚投行未必在其他方面做得好，但至少在亚开行被诟病的这几个方面，亚投行堪称榜样。因此，亚开行和亚投行的合作有助于亚开行深化和扩大在以上几个方面的内部改革。

最后，亚开行与亚投行合作为分享其经验、技术和知识提供了理想的渠道。自成立以来，亚开行积累了丰富的基础设施项目投资、运营和管理经验。诚如亚开行前行长中尾武彦所言，“亚开行愿意（与亚投行）分享其经验、知识和信息”。[②] 从经验来看，亚投行作为2016年成立的多边银行，尽管在资金、审批和基础设施投资等方面积累了经验，但与亚开行相比，仍然算是新兴的多边银行，

---

① Pacific Forum, “The Asian Development Bank and the Asian Infrastructure Investment Bank: Conditional Collaboration?” Pacforum, May 4, 2016, accessed May 19, 2022, https://pacforum.org/publication/pacnet-39-the-asian-development-bank-and-the-asian-infrastructure-investment-bank-conditional-collaboration.

② 贺平：《日本主导下的亚洲开发银行：历史、现状与未来》，《复旦国际关系评论第十六辑》2015年第1期，第219页。

在基础设施项目投资、运营和管理等方面能汲取的历史性经验较少。从知识和信息方面来看，亚开行凭借着多年来在亚洲的基础设施项目投资、项目准备和执行技术援助、咨询性技术服务、区域活动技术援助等业务，创造并累积了丰富的知识和信息。在实践中，其他银行难以在短时间内掌握这些历史性的经验、技术和知识，因此，与亚投行的合作能为其分享经验提供理想渠道。

事实上，亚投行已经与亚开行对亚洲基础设施投资展开了多种形式的合作。自 2016 年以来，亚投行与亚开行和其他金融机构共同投资了多个亚洲基础设施项目。例如，（1）2017 年 7 月批准的巴基斯坦 M4 高速公路项目，项目将建设 64 千米长的高速公路（绍尔果德与哈内瓦尔段），其中亚投行和亚开行各自提供 1 亿美元贷款，英国国际开发部（Department for International Development）提供 3400 万美元经济援助；[①]（2）2016 年 11 月批准的印度天然气基础设施增效项目，亚投行出资 6000 万美元，亚开行出资 1.67 亿美元；[②]（3）2017 年 6 月批准的格鲁吉亚巴统道路绕城公路项目，亚投行和亚开行各自出资 1.14 亿美元；[③]（4）2017 年 9 月批准的印度泰米尔纳德邦传输系统强化项目，亚投行出资 1 亿美元，亚开行出

① "ADB Approves First Cofinancing with AIIB for a Pakistan Road Project," ADB, June 10, 2016, accessed May 18, 2022, https://www.adb.org/news/adb-approves-first-cofinancing-aiib-pakistan-road-project.

② "Project Summary Information (PSI)," Project No. 000015, AIIB, accessed May 18, 2022, https://www.aiib.org/en/projects/approved/2017/_download/bangladesh/summary/bangladesh-natural-gas-infrastructure_summary.pdf.

③ "Project Summary Information," Project No. 000021, AIIB, accessed May 18, 2022, https://www.aiib.org/en/projects/approved/2017/_download/georgia/summary/Batumi.pdf.

资 5000 万美元。①

另外，亚投行和亚开行还重点共同投资了东南亚国家的多个基础设施项目。其中包括：（1）2020 年 5 月批准的菲律宾 COVID-19 主动响应和支出支持计划，其中亚投行出资 7.5 亿美元，亚开行出资 15 亿美元；②（2）2021 年 3 月批准的菲律宾在亚太地区疫苗获取设施项目下第二次加强卫生系统以解决和限制 COVID-19 项目，其中亚投行出资 3 亿美元，亚开行出资 4 亿美元；③（3）2021 年 12 月批准的菲律宾另一个 COVID-19 项目，其中亚投行和亚开行各自出资 2.5 亿美元；④（4）2022 年 1 月批准的菲律宾综合防洪和调整项目 I 期，其中亚投行出资 1 亿美元，亚开行出资 2.11 亿美元；⑤（5）2022 年 3 月批准的柬埔寨快速免疫支持项目，其中亚投行出资

① "Project Summary Information," Project No. 000006, AIIB, accessed May 18, 2022, https://www.aiib.org/en/projects/approved/2017/_download/india-transmission/summary/Indian-PSI-Sep-29-v2.pdf.

② "Program Summary Information," Document Code: PD000392-PSI-PHL, AIIB, accessed May 18, 2022, https://www.aiib.org/en/projects/details/2020/approved/_download/Philippines/AIIB-PSI-P000392-Philippines-COVID-19-Active-Response-and-Expenditure-Support-CARES-Program.pdf.

③ "Project Summary Information," Document Code: P000490-PSI, AIIB, accessed May 18, 2022, https://www.aiib.org/en/projects/details/2021/_download/philippines/AIIB-PSI-P000490-Philippines-HEAL2-After-approval.pdf.

④ "Project Summary Information," Document Code: P000555, AIIB, accessed May 18, 2022, https://www.aiib.org/en/projects/details/2021/_download/philippines/AIIB-PSI-P000555-Philippines-HEAL2-AF.pdf.

⑤ "Project Summary Information," Project No. P000524, AIIB, accessed May 18, 2022, https://www.aiib.org/en/projects/details/2022/_download/philippines/AIIB-PSI000524-Integrated-Flood-Resilience-and-Adaptation-Project-I.pdf.

0.5 亿美元，亚开行出资 0.95 亿美元[①]等。

三、亚投行和亚开行合作的推动因素

在亚投行与亚开行等其他多边开发银行合作共同投资亚洲基础设施项目的过程中，有两方面因素推动了这种合作，并在很大程度上保证了合作的成功。

一方面，最重要的是，亚投行与亚开行合作过程中以亚开行为主导，保持了低调的姿态。在亚投行和亚开行合作的项目中，不论亚投行出资是多于亚开行（如印度的项目），还是少于亚开行（如孟加拉国项目、菲律宾 COVID-19 项目和柬埔寨项目），抑或是与亚开行持平（如巴基斯坦项目、格鲁吉亚项目和菲律宾另一个 COVID-19 项目），亚投行都表示，尊重亚开行在项目评估和实施中的“主导地位”,[②] 赞同由亚开行代表亚投行和其他出资银行承担项目管理的责任。如 2020 年 5 月批准的菲律宾项目中，亚投行支持

---

① “Project Summary Information,” Project No. P000521, AIIB, accessed May 18, 2022, https://www.aiib.org/en/projects/details/2022/_download/cambodia/AIIB-PSI-P000521-Cambodia-Rapid-Immunization-Support-March-2022.pdf.

② Hong Zhao, “China-Japan Compete for Infrastructure Investment in Southeast Asia: Geopolitical Rivalry or Healthy Competition?”, *Journal of Contemporary China* 28 (2018): 568.; “Project Summary Information (PSI),” Project No. 000015, AIIB, accessed May 19, 2022, https://www.aiib.org/en/projects/approved/2017/_download/bangladesh/summary/bangladesh-natural-gas-infrastructure_summary.pdf. 和“Pakistan: National Motorway M-4 (Shorkot-Khanewal Section) Project (Cofinanced with the Asian Development Bank),” AIIB, accessed May 19, 2022, https://www.aiib.org/en/projects/approved/2016/_download/pakistan-national-motorway/summary/approved_project_summary_pakistan_national_motorway.pdf。

“亚开行作为主导的联合投资者”,[①] 遵从亚开行《保障政策声明》(*Safeguard Policy Statement*) 的规定。2021 年 3 月批准的菲律宾项目中,亚投行做了同样的表示,除了遵从亚开行的保障政策声明的相关规定外,还遵照亚开行对项目的环境和社会风险及影响的评估。[②] 2021 年 12 月和 2022 年 1 月批准的菲律宾项目中亚投行也做了相同的表态。[③] 另外,在 2022 年 3 月批准的柬埔寨项目中,亚投行还特别提出将遵守亚开行的采购政策。[④] 亚投行在与亚开行合作共同投资亚洲基础设施项目时,尊重亚开行的主导地位,不在项目实施过程中僵硬地推进自己的采购政策,这是推动亚投行与亚开行合作的最重要因素。

另一方面,亚开行尊重亚投行在基础设施投资中坚持的“无条件贷款”原则,这也是促成双方合作的一个推动因素。亚开行是日本主导的多边开发银行,日本在向亚洲各国的基础设施项目投资的

---

① “Project Summary Information,” Project No. P000521, AIIB, accessed May 19, 2022, https://www.aiib.org/en/projects/details/2022/_download/cambodia/AIIB-PSI-P000521-Cambodia-Rapid-Immunization-Support-March-2022.pdf.

② “Project Summary Information,” Document Code: P000490-PSI, AIIB, accessed May 19, 2022, https://www.aiib.org/en/projects/details/2021/_download/philippines/AIIB-PSI-P000490-Philippines-HEAL2-After-approval.pdf.

③ “Project Summary Information,” Document Code: P000555, AIIB, accessed May 19, 2022, https://www.aiib.org/en/projects/details/2021/_download/philippines/AIIB-PSI-P000555-Philippines-HEAL2-AF.pdf; “Project Summary Information,” Project No. P000524, AIIB, accessed May 19, 2022, https://www.aiib.org/en/projects/details/2022/_download/philippines/AIIB-PSI000524-Integrated-Flood-Resilience-and-Adaptation-Project-I.pdf.

④ “Project Summary Information,” Project No. P000521, AIIB, accessed May 19, 2022, https://www.aiib.org/en/projects/details/2022/_download/cambodia/AIIB-PSI-P000521-Cambodia-Rapid-Immunization-Support-March-2022.pdf.

时候往往对项目所在国政府提出“善治”（good governance）方面的诸多要求。亚投行在亚洲基础设施项目投资过程中也提出要求，比如要求项目透明并保护当地社会和环境利益等。但是与亚开行不同的是，“亚投行从不要求借贷国将贷款私有化或（要求当地政府）放松对贷款的管制”。① 亚投行对亚洲基础设施项目投资过程中的“无条件贷款”原则将亚投行与亚开行区分开来，而亚开行对亚投行的“无条件贷款”原则表示尊重，这是促成双方合作的重要推动因素之一。

此外，值得注意的是，曾经为亚开行或其他多边开发银行工作过、接下来有机会为亚投行服务或已经在为亚投行服务的高层工作人员将为亚投行和其他银行之间的合作搭建桥梁。自 2003 年以来，由中国公民担任亚开行副行长一职的惯例已经有 17 年。金立群曾经在 2003—2008 年担任亚开行的副行长一职，他也是亚投行的第一任行长，又于 2020 年被选为亚投行的第二任行长。金立群之后，赵晓宇曾在 2008—2013 年担任亚开行的副行长，2013 年由张文才继任，2018 年之后由陈诗新继任，这几位主管的部门都是亚开行业务一部，主持南亚局和中西亚局的工作。可以说，没有日本及其主导的亚开行的支持，这样的惯例是很难形成的。这样的惯例为相关工作人员积累了丰富的项目管理经验。如果这些高层工组人员将来有机会为亚投行服务，他们可能会为亚投行和亚开行之间的合作作出

---

① Koh Gui Qing, “Exclusive: China’s AIIB to Offer Loans with Fewer Strings Attached,” Reuters, September 2, 2015, accessed May 19, 2022, https://www.reuters.com/article/us-aiib-china-loans/exclusive-chinas-aiib-to-offer-loans-with-fewer-strings-attached-sources-idUSKCN0R14UB20150901.

贡献。

简言之，亚投行与亚开行之间的互相包容推动了双方在亚洲基础设施投资项目上的合作。一方面，亚投行在与亚开行的合作中保持了低调的姿态，以亚开行为主导，尊重亚开行的投资政策和采购政策等；另一方面，亚开行尊重亚投行在对基础设施投资项目出资时坚持的“无条件贷款”原则。这些都是亚投行与亚开行合作的推动因素。另外，曾经在亚投行工作过、现在或今后有机会为亚投行服务的高层工作人员也将为双方之间的合作搭建桥梁。

四、亚投行和亚开行竞合对亚洲基础设施投资的影响

亚投行和亚开行在亚洲基础设施投资建设领域内的合作与竞争，其影响可以从两方面辨析。

一方面，亚投行和亚开行在金融制度层面合作，为亚洲基础设施投资带来长期向好影响。如前文所述，亚洲地区特别是东南亚地区基础设施建设资金缺口巨大，即使亚投行和亚开行倾尽全力对亚洲基础设施展开投资，仍远远不能满足整个亚洲国家的基础设施投资需求，而亚洲国家的绝大部分投资缺口又只能来源于亚投行和亚开行。因此，如果亚投行和亚开行此时在亚洲展开竞争，原本短缺的基础设施建设资金将更为紧俏。但在亚投行和亚开行展开合作的背景下，东南亚国家可以向亚投行和亚开行申请融资资金，以争取最大限度地缓解各国基础设施建设的资金需求缺口，为本国的经济

发展带来向好影响。特别是考虑到基础设施的不可流动性，更加可以确定亚投行和亚开行合作进行基础设施建设投资将造福全亚洲人民。不仅如此，作为国际主流多边金融机构，亚投行和亚开行的合作在一定程度上可以推动两行的改革，为其他国际多边金融机构的改革和合作提供借鉴性经验。亚投行与亚开行作为亚洲范围内极具影响力的两个国际银行，无论是合作经验、合作模式、合作困境还是合作前景，都可以为其他银行提供重要参考。

另一方面，中国和日本在国家层面围绕亚洲基础设施投资的长期竞争态势，并不会因为亚投行和亚开行的合作而改变。回顾21世纪第一个十年，中国和日本竞相引导东亚地区的经济一体化进程，特别是贸易方面的一体化进程。2001年，中国率先提出与东盟建立自由贸易区的倡议，不久后日本也提出类似倡议。随后十年，中国和日本分别同东盟十个成员国谈判，争相与东盟建立自贸区，并争相引导整个东亚地区的经济一体化进程。这种竞争造就了21世纪第一个十年东亚地区经济贸易一体化的繁荣。与此类似，当今中国和日本在基础设施投资领域展开竞争。这种竞争在国家层面和国际金融制度层面同时展开。在国家层面，中国和日本争夺对亚洲基础设施投资领域的主导权；在国际金融制度层面，中国和日本分别以亚投行和亚开行为抓手展开竞争和合作。国际金融制度层面的合作，并不意味着中国和日本在国家层面的合作能以同种程度展开。中国和日本双方对于亚洲基础设施有各自不同的利益和考量，在一定程度上不利于双方在国家层面对亚洲基础设施投资的合作。就像中日在21世纪第一个十年在贸易方面的竞争一样，两国在亚洲基础设施投资方面的竞争必然是一个缓慢的过程，长期持续下去，可能会产生一个新的领导者。

五、结语

中国主导的亚投行和日本主导的亚开行在21世纪第二个十年，对亚洲基础设施的投资供给侧和投资需求侧展开了激烈竞争。同时，亚投行和亚开行在亚洲基础设施投资上也展开了一定程度的合作，其竞争与合作对亚洲国家投资、国际金融组织合作和中日关系都产生了影响。

亚投行和亚开行在投资供给侧和投资需求侧的竞争激烈。从投资供给侧来看，亚投行和亚开行都斥巨资对基础设施项目展开投资，虽然亚投行的年度投资规模无法与亚开行展开有力竞争，却有潜力成为亚开行在亚洲基础设施投资领域的竞争对手。从投资需求侧来讲，亚洲各国对基础设施投资的需求增加，尤其是东南亚国家的投资缺口将越来越大。亚洲各国竞争亚投行和亚开行对基础设施的投资资金将会激烈展开。

尽管如此，亚投行与亚开行也有展开合作的必要。对亚投行来说，亚投行的自身定位、原则和基础设施项目的性质，都使其有必要与亚开行充分合作。对亚开行来说，亚开行与亚投行合作能够间接为日本提供与亚投行和中国合作的投资机会，倒逼亚开行内部的改革，提供理想的经验分享渠道。

亚投行和亚开行投资亚洲基础设施项目的合作由三种因素推动，并且在很大程度上保证了合作的成功。第一，亚投行在与亚开行的合作中以亚开行为主导，保持了低调的姿态；第二，亚开行尊重亚投行在对基础设施投资项目出资时坚持的“无条件贷款”原则；第三，亚投行和亚开行工作人员的友好往来搭建了合作的桥梁。总之，亚投行与亚开行之间的互相包容推动了双方在亚洲基础设施投资项目上的合作。

作为国际主流多边金融机构和亚洲影响力极大的两个多边银行，亚投行和亚开行的竞争与合作对亚洲基础设施投资产生两方面的影响。一方面，亚投行和亚开行在金融制度层面合作为亚洲基础设施投资带来长期向好影响，能够更好地满足亚洲地区特别是东南亚地区基础设施建设巨大的资金缺口，同时也能为其他多边银行之间的合作与改革提供重要参考；另一方面，中国和日本对亚洲基础设施投资的竞争态势，并不会因为国际金融制度层面的合作改变，双方仍然会在一段时期内对亚洲基础设施投资展开激烈竞争。

俄罗斯人口老龄化的现实困境、影响及解决措施*

王野　李若欣**

摘　要　俄罗斯人口老龄化问题由来已久，近年来，新冠疫情和乌克兰危机等因素使俄罗斯人口老龄化现象进一步加剧。俄罗斯人口老龄化为混合型模式，呈现出各联邦区老龄化程度差异明显、老龄男女比例失衡、男女预期寿命差距大等特点。人口老龄化问题的不断加深对俄罗斯经济发展、劳动生产效率、医疗保健系统、养老金制度、税收政策等方面造成严重影响，使俄罗斯经济社会发展面临复杂挑战，财政负担加大、劳动生产效率降低、代际冲突加剧等问题亟待解决。俄罗斯政府为减缓老龄化现象采取了一系列措施，包括通过政策刺激提高出生率、提高劳动年龄人口比例、延长退休年龄、降低死亡率等，得益于

* 本文系辽宁省教育厅基本科研项目“俄罗斯生态政策转型对辽宁省绿色低碳发展的启示研究”（项目编号：LJKQR20222501）的阶段性成果。

** 王野，大连外国语大学俄语学院副教授；李若欣，大连外国语大学俄罗斯研究中心研究助理。

上述措施，俄罗斯人口老龄化问题有所缓解，但包括乌克兰危机在内的一系列阻碍因素将使俄罗斯应对人口老龄化问题陷入“持久战”。

关键词 俄罗斯；人口老龄化；老龄化困境；老龄化影响；老龄化解决措施

人口老龄化问题关乎国家经济社会的长远发展，俄罗斯追求人口数量、结构与大国定位、国家战略相匹配，一直致力于人口老龄化问题的解决。历史上卫国战争、苏联解体等因素都曾对俄罗斯人口数量和年龄结构造成影响，近年来的新冠疫情和乌克兰危机又加速了其人口老龄化的进程，持续的低生育率、高死亡率、劳动人口减少等现象导致人口老龄化问题愈演愈烈。根据俄罗斯国家统计局预测，到2050年俄罗斯65岁以上人口将达到24.2%，[①] 劳动生产效率的降低将影响经济社会的发展。本文通过分析俄罗斯人口老龄化的现实困境，梳理其人口老龄化的特点，研究人口老龄化对俄罗斯经济和社会发展的影响，归纳和评述俄罗斯应对人口老龄化的解决措施。

一、俄罗斯人口老龄化现实困境

俄罗斯目前已进入超老龄化社会，人口老龄化问题严峻，出现

① ВПФР сообщили, что доля граждан старше 65 лет составит к 2050 г. почти четверть населения. https://tass.ru/ekonomika/6983054.

各联邦区人口老龄化差异明显，老年男女性别比例严重失衡等特点。

（一）俄罗斯人口老龄化现状

人口老龄化不仅对俄罗斯，而且对世界上许多其他国家来说都是一个重大的人口问题。根据1956年联合国《人口老龄化及其社会经济后果》确定的划分标准，若一个国家或地区60岁以上老年人口占人口总数的10%，或65岁以上老年人口占人口总数的7%，即意味着这个国家或地区处于老龄化社会；若60岁以上老年人口占比超过20%，则为超老龄化社会。[①] 截至2020年初，俄罗斯60岁以上人口超过3200万，约占俄罗斯总人口的21.9%，这表明俄罗斯已进入超老龄化社会。根据俄罗斯统计局预测，到2035年，俄罗斯老年人口将达到3400万，占全国人口的24%。[②]

如图1所示，从2012年到2019年，俄罗斯老龄人口不断增加，而2020—2021年受新冠肺炎疫情影响，俄罗斯老年人口数量急剧下降。据俄罗斯普列汉诺夫经济大学科学实验室主任叶莲娜·叶戈罗娃（Елена Егорова）分析："60岁及以上的老年人占全国冠状病毒

---

① 杨昕：《健康老龄化进程中的综合社会政策响应》，《中国社会科学报》2019年8月9日，第1753期。

② Через 25 лет пожилых людей в России станет больше, чем молодых. Главные факты о том, какстареет наша страна. https://nuzhnapomosh.ru/media/post/cherez-25-let-pozhilyh-ljudej-v-rossii-stanet-bolshe-chem-molodyh-glavnye-fakty-o-tom-kak-stareet-nasha-strana/.

死亡人数的80%。如果没有流行病毒，他们将有机会活得更长。”①

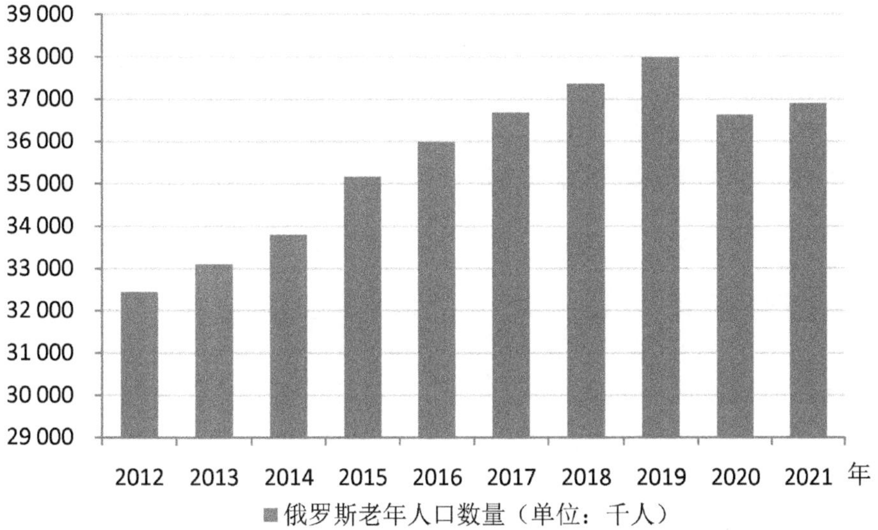

图1　俄罗斯老年人口变化情况（2012—2021年）

资料来源：Численность населения Российской Федерации// Федеральная служба государственной статистики РФ, https://rosstat.gov.ru/folder/13877。

2021年，俄罗斯65岁以上人口约为2300万人，相比之下，1950年这一数字仅为500万。近年来俄罗斯老龄人口所占比例不断增大，因为他们是20世纪40年代末至60年代出生的一代人的代表，这一时期因为斯大林格勒战役的胜利，许多战士因受伤或荣获战功而有回家机会，因此在这一阶段表现出较高的生育率。在这一阶段出生的人口分别在2010年和2020年进入老龄阶段，而20世纪

① Башкатова Г. А.: Пожилые россияне умирают в ускоренном темпе // Независимая Газета. 19 сентября 2021г. https://www.ng.ru/economics/2021-09-19/1_8255_russians.html.

末俄罗斯表现出的极低生育率导致了现在劳动年龄人口的不足。[①] 俄罗斯约有30%的人口年龄在25—40岁，而超过劳动年龄人口的数量占总人口比例为24%，劳动年龄人口的比例发生改变直接影响社会劳动力资源。根据俄罗斯联邦国家统计局预测，20年后老年人数量还会大幅度增加，预计到2050年，俄罗斯的适龄就业人口比例将从61%下降到55%，这会严重影响国家的经济实力和社会的发展进步。如图2所示，2012—2019年，俄罗斯超过劳动年龄人口比例逐年增加。

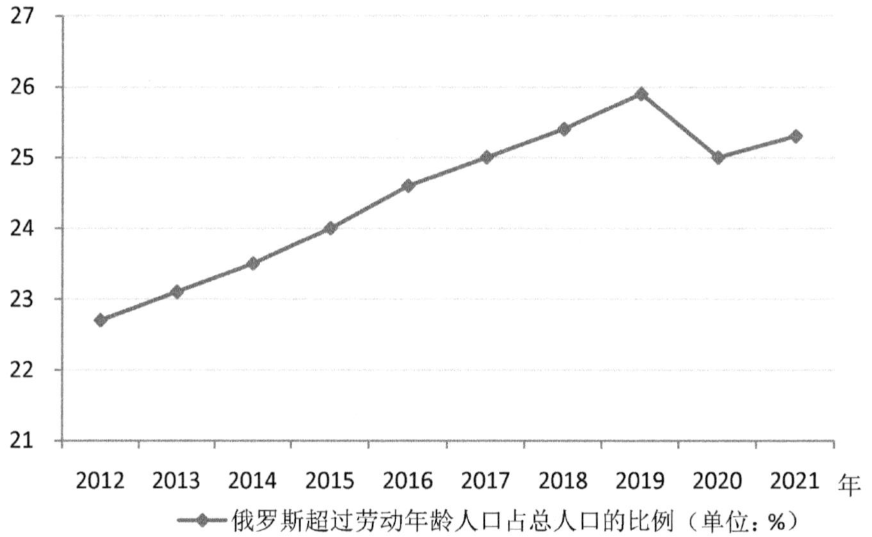

图2　俄罗斯超过劳动年龄人口所占比例变化情况（2012—2021年）

资料来源：Численность населения Российской Федерации// Федеральная служба государственной статистики РФ, https://rosstat.gov.ru/folder/13877。

① 劳动年龄人口是指女性工作年龄为16—55岁，男性为16—60岁。

由于乌克兰危机，俄罗斯采取军事动员，俄罗斯的生育率预计会下降4.5%，俄罗斯联邦政府无法实现在2030年前恢复人口持续增长的目标。自2022年俄罗斯采取军事行动和战争动员，根据预测，到2030年人口将减少416 700；如果战争持续到年底，到2023年，俄罗斯出生人数将不到120万，这将是俄罗斯有史以来最低的数字；到2024年中期，俄罗斯出生人数将降至不到100万，死亡人数将超过200万，生育率将从每名妇女生育2.1个子女降至1.2个子女。① 国际人口与健康实验室的研究员丘里洛娃（Цурилова Е. В.）分析，在不确定的情况下，许多夫妇可能会选择推迟一段时间再考虑生育问题，直到战争情况稳定下来。另外，许多人试图离开以避免参与军事行动。在这种情况下，中年男性的离开将导致育龄人口大幅度减少，这对生育率来说是一个巨大的冲击。这些因素都会导致俄罗斯人口老龄化现象进一步加剧。

（二）俄罗斯人口老龄化特点

俄罗斯人口老龄化问题复杂且存在已久，这其中不仅包含一定的历史因素，而且与俄罗斯多民族的生活习惯和文化习俗关系密切。总体看来，俄罗斯人口老龄化呈现出以下三方面特点。

第一，各联邦区人口老龄化差异明显。俄罗斯生育率存在着巨大的区域差异，生育率的不同也影响着老年人的数量。俄罗斯老年

① 1, 2 ребенка на одну женщину: демографы предупредили о «яме» с рождаемостью. https://newizv.ru/news/2022-10-18/1-2-rebenka-na-odnu-zhenschinu-demografy-predupredili-o-yame-s-rozhdaemostyu-370748.

人口数量最多的地区是图拉州，那里 18.2%的人口年龄在 65 岁以上；数量最少的是车臣共和国，约为 4.3%。人口年龄结构中的一个指标——平均年龄也证实了这一点。图拉州居民平均年龄近 43 岁，车臣共和国为 28 岁。在各联邦区中，远东联邦区平均年龄最小（38 岁），中央联邦区平均年龄最大（42 岁）。除此之外，各联邦区的人口预期寿命也不同，2016 年，北高加索联邦区的预期寿命最高（男性超过 71 岁），男性预期寿命第二位的是中央联邦区（67.97 岁），排名第三的是南部联邦区（67.24 岁）。在妇女预期寿命方面，北高加索联邦区处于领先地位（78.91 岁），与男性一样，远东联邦区的女性预期寿命最低（74.84 岁）。虽然年龄差异在某种程度上可以归因于不同地区气候条件的影响，但实际上每个联邦区的年龄差距与居民生活方式、环境条件、营养物质、教育、医疗保健和获得基本药物的机会都有着更大的联系。①

第二，老年男女性别比失衡现象严重。在 2019 年初，俄罗斯人口为 1.468 亿，其中男性 6810 万（46%），女性 7870 万（54%）。其中超过 60 岁以上男性数量约为 1144 万，女性约为 2654 万，也就是说，老年妇女的人数比同龄男子多 1510 多万，男女性别比严重失衡。与此同时，俄罗斯男女预期寿命差距极大。截至 2021 年，俄罗斯女性人均预期寿命为 74.5 岁，男性为 65.5 岁，男女之间的人口数量和预期寿命的差距是男女死亡率不同造成的，男性非正常死亡

① Доброхлеб В. Г. Старение населения России: Региональный аспект // Вопросы территориального развития. № 4 (2018): 3, 10.

率高，男性劳动年龄人口死亡率较高，每100人中就有一人是由于不良习惯的养成，其中包括吸烟、酗酒、吸毒，以及缺乏自我保护导致死亡。酗酒通常被看作影响俄罗斯居民健康状况的主要原因，很多疾病都与酗酒有关，同时酗酒也是导致非自然死亡的重要因素，在俄罗斯醉酒每年造成约50万人死亡。俄罗斯国立财政金融大学社会学系教授拉佐夫（Разов П. В.）表示："统计数据显示，俄罗斯男性更容易患抑郁症，且存在酗酒和其他一些不良习惯。此外，男性从事危险工作人数更多，从而导致过早死亡。"① 此外，俄罗斯还出现医疗服务质量差、小城镇和农村地区医疗服务供应较少、创新医疗技术成本高、居民生活贫困等问题，每年因为慢性疾病、血液循环疾病等问题造成的死亡人数居高不下。老年人作为社会中最脆弱的群体，其生活质量和需求需要得到妥善保障。

第三，俄罗斯人口老龄化为混合型模式。瑞典的人口学家苏丁伯克发明了一种更权威的方法来判断人口老龄化的程度，根据儿童和老年人分别在人口年龄结构中所占比例的差异，将人口老龄化主要分为三种类型——渐进式、固定式和递减式。② 老年人在人口年龄结构中所占比例的增加在很大程度上取决于两个因素：一是出生率下降，这种类型是"自下而上"的老龄化，称为第一种老龄化；二是老年死亡率下降和预期寿命延长，这种类型称为"自上而下"

---

① Россиянок предупредили о дефиците женихов. https: //www. ng. ru/economics/2022-10-16/1_ 8566_crisis. html.

② Горошко Н. В. , Пацала С. В. Старение населения России: страна на фоне мира, регионы на фоне страны// Электронный научно-методический журнал Омского ГАУ. № 3 (2020) .

的老龄化。俄罗斯人口老龄化的模式具有更明显的第一类特征和较少的第二类特征。为了实现高预期寿命的目标，老年人的比例即年龄金字塔的最高部分正在增加。根据普京在2018年5月签署的《关于2024年前俄罗斯联邦发展的国家目标和战略任务》的总统令中规定，到2024年将平均预期寿命提高到78岁，到2030年提高到80岁。① 预期寿命的增加是由于居民生活水平的提高、医疗技术的创新与完善、药品的及时提供和社会的及时援助，这些都使老年人能够及时预防和发现多种疾病而延长寿命。在大多数经济发达的国家，总预期寿命自20世纪90年代以来稳步增长，俄罗斯自2004年以来也一直保持稳定的增长趋势，2015年与2003年相比增长了6.5岁（从64.9岁增长到71.4岁）。2016年，俄罗斯男性和女性的平均预期寿命为71.87岁（男性为66.50岁，女性为77.06岁）。2015年，男性出生时的预期寿命为65.9岁，女性为76.7岁。与2003年相比，男性出生时的预期寿命增加了7.4岁，而女性出生时的预期寿命增加了4.9岁。② 除了北高加索共和国、印古什共和国、达吉斯坦共和国和莫斯科，到2019年，俄罗斯其他区域均未达到预期寿命指标（76岁），只有28个地区的预期寿命高于全国平均水平（73.3岁），8个地区的预期寿命还没有达到70岁。

① Указ Президента РФ от 07.05.2018 г. № 204, О национальных целях и стратегических задачах развития Российской Федерации на период до 2024 года. http://www.kremlin.ru/acts/bank/43027.

② Будилов А. П. Основные тренды внутренней миграции населения России// Социальное развитие территорий. Вопросы территориального развития. №4(2019): 49.

二、人口老龄化的影响

作为人口发展中最重要的人口老龄化问题，其影响是多方面的。在经济领域，人口老龄化影响到国家经济增长、储蓄、就业、养老金制度和税收政策等。在社会领域，人口老龄化造成影响生活条件、家庭组成、代际冲突以及社会护理医疗系统受到挑战等问题。

（一）影响国家经济发展水平，导致财政负担加重

俄罗斯联邦人口老龄化现象的加剧，要求国家越来越多地投入资金、物质和人力资源以满足老年人的需要；加大医疗援助和药品供应；加强社会服务的完善工作；不断完善加强教育、社会文化和休闲方面的服务。对于俄罗斯而言，人口老龄化和人口负担率上升对养老金制度构成了根本挑战，领取养老金的人数一直在增加，这会不断增加国家的财政负担，政府在养老金方面的预算已经不堪重负。一个国家长期积累的有关养老金制度的问题不能用一两个方案来解决，目前改善养老金制度的现状分两步进行：通过联邦政府增加对养老金基金的预算，但这将阻碍国家经济发展；通过企业增加对养老金制度的缴款。在这种情况下，养老金制度的改变迫在眉睫，若不适当调整养老金制度，它不仅将失去其最重要的社会功能——为退休人员提供生活保障，而且将成为一个严重影响经济增长

的问题。[1]

（二）影响市场劳动力资源，导致劳动生产率降低

一个国家的劳动力组成和规模在很大程度上取决于老年人经济活动的增加。人被视为劳动力资源，一个人的工作能力是衡量其经济和社会活动的主要标准。因此在统计中，人口可以被分为三大类：劳动年龄以下人口、劳动年龄人口和劳动年龄以上人口。由于1960—1970年出生的大部分人达到退休年龄，将导致2016—2024年俄罗斯劳动年龄人口比例迅速下降。同时，超过工作年龄的人口比例将在之后8年内增长约3%。人口年龄结构中劳动年龄以上和以下人口的比例同时增加，这些数量的增加导致俄罗斯人口年龄金字塔的重大变形。[2] 2050—2060年，老年人口将达到最高3900万，而劳动年龄人口将达到最低6400万。人口老龄化直接或间接地影响着劳动力市场，主要体现在以下四个方面。第一，劳动力供应规模降低。老年人口比例增加，劳动年龄人口比例降低，会降低劳动力供应规模。第二，降低劳动力参与率。随着年龄的增长，老年人劳动力参与率下降，导致整体劳动力参与率下降。第三，高龄人口劳动供给时间缩减，劳动力总供给时间减少。第四，老年人生理心理功能发生变化，难以适应大多数工作岗位的劳动强度，劳动供给质

---

① Семеко Г. В. Странение населения в России и его последствия // Экономические и социальные проблемы России. Экономика и бизнес. (2013): 21.

② Семеко Г. В. Странение населения в России и его последствия // Экономические и социальные проблемы России. Экономика и бизнес. (2013): 3.

量开始下降。[①] 在生育率持续降低，预期寿命提高的影响下，新的劳动年龄人口将越来越难以填补老年人口离开劳动力市场产生的劳动力缺口。另外，俄罗斯因为军事动员和移民将会损失 60 万人口，其中大部分是 20—45 岁的群体。

（三）影响医疗保健系统，导致护理难度增大

人口老龄化问题除了给经济带来的影响，也会给社会发展造成一定的负担。老年人口比例迅速上升，导致老年人口平均医疗费用增加，65 岁及以上老年人的人均医疗费用支出是年轻人的 3—5 倍，特别是 75 岁及以上老年人的医疗费用更多。这是因为老年人的发病率较高，病情比一般人群严重。在住院期间，老年人普遍面临更复杂的诊断，在医院待的时间更长。老年人一般患有慢性疾病，需要进行长期护理。在家庭养老观念逐步退化的情况下，老年人的生活照顾及护理服务需求扩大。社会公共卫生的基本目标是为老年人提供完善的护理服务，但现在老年人口增多会加剧医疗保健、社会服务、教育等领域间的紧张局势。例如，需要扩大老年人商品和服务市场，如医疗保健中心、康复中心和养老院等。除此之外，国家也需要加大资金投入建立满足老年人需求的基础设施。

（四）影响家庭结构，导致发生代际冲突

老年人口比例不断增加，而儿童和青年的比例因生育率降低而

---

① 钱诚、刘理晖：《人口老龄化对劳动力市场产生了哪些影响》，《中国经济时报》2021 年 7 月 12 日，第 1 页。

大幅度下降，预期寿命还在不断提高，这些因素加在一起导致了劳动力市场上仍在寻找工作的年轻人与有能力继续工作的老年人之间形成真正竞争关系，也会改变社会其他阶层对老年人和其社会作用的看法，这引起了一系列问题：劳动人口负担增加；老年人和年轻人在劳动力市场中的竞争加剧；卫生和社会保护预算支出增加；公共资源再分配的公平性问题需要重新讨论等。其中老龄化国家的社会问题往往是由不同人口群体之间重新分配公共资源是否合理和公平而引起的。老年人是社会分配方案的主要受益人，中青年人需要同时照顾孩子和老人，这可能会被视为某种不公平的现象。因此，三个年龄段之间都存在代际冲突，资源分配的公平性成为冲突发生的一个主要因素。除此之外，养老金缴款的不断增加已经引起年轻一代的不满，甚至出现拒绝供养老一代的现象。[①] 随着老年人人数的增加，专家警告称，年轻人和老年人之间的矛盾可能会导致社会局势的动荡，现在社会上一些年轻人强烈抵制聘用老领导，因为这可能对他们就业及晋升的机会产生不利影响。

三、人口老龄化解决措施

俄罗斯政府历来重视人口问题，俄罗斯总统普京多次在公开场合强调人口老龄化问题的迫切性，呼吁和督促相关政府部门和专家

① Барсуков В. Н., Причины и последствия конфликта поколений как социальной проблемы «стареющих» государств// Социально-экономические исследования, Социальное пространство, №16(2016): 3.

制定人口发展战略，而人口问题中最突出的问题就是人口老龄化问题。面对出生率低、预期寿命延长、死亡率高等问题，俄罗斯政府正积极采取相应措施来缓解人口老龄化带来的矛盾。

（一）提高出生率

自苏联解体后，俄罗斯的最低出生率出现在 1999 年，这年出生的人口只有 121.4 万。从 2002 年起，出生率开始逐步增长；至 2014 年达到一个高峰——出生人口接近 200 万；但从 2016 年起，再次出现下降趋势。根据俄罗斯联邦数据，2018 年出生人口数量为 160.4344 万，出生率 10.9%，2019 年为 148.1074 万，出生率为 10.1%，2020 年 143.6514 万，出生率 9.8%，[①] 俄罗斯生育率出现逐年降低的趋势，这与俄罗斯平均生育年龄提高有直接关系。当前，俄罗斯已经出现了晚生第一个孩子（在 25—34 岁生育第一个孩子）的趋势，人口学家指出，这种趋势只会导致第二个和第三个孩子出生可能性降低，多子女家庭比重越来越低。2015—2020 年，20—29 岁年龄段的女性人口已经开始下降。传统大家庭模式正逐渐被现代小家庭模式取代，居民生育子女的意愿大大降低，出生率低于人口的自然更替水平，人口增长趋势减缓甚至逆转。从 2020 年 12 月至 2021 年 11 月，俄罗斯总人口减少超过 99 万，这与新型冠肺炎疫情的暴发与传播有着一定的关系，因为人们在夏季大规模接种

① Численность населения Российской Федерации// Федеральная служба государственной статистики РФ. https: // rosinfostat.ru/.

疫苗，很多夫妻担心疫苗会影响下一代而选择延缓生育或拒绝生育。俄罗斯为实现到 2030 年人口稳定增长的目标，采取一系列措施来提高出生率，其中包括以下四点。

第一，提供一次性生育补助金，在 2017 年实施调整前的补贴金额为 8000 卢布，2017 年调整后的金额为 16 350 卢布，生育双胞胎或多胞胎的补助金可以持续累加。收养子女的家庭也可以领取同样数额的收养补贴，另外还可以领取孕产补助金，生育第三个孩子的家庭可以每月领取育儿津贴，直到孩子长大到 3 岁。

第二，改善居住环境条件，提供住房保障。调查发现，失业人数和儿童保育设施的提供对生育率的影响较大。因此，还需要在各地区采取措施减少失业人数，最大可能地保障家庭稳定性。[①] 根据俄罗斯政府报道，在提供住房方面，计划为有孩子的年轻家庭提供 35%的补偿，没有孩子的家庭提供 30%的补偿，大家庭有优先获得补助的权利，国家为实施该计划拨款 50 亿卢布，2023 年有 1.5 万多个年轻家庭受益。

第三，向有两个或两个以上 7 岁以下子女的家庭提供财政补贴，数额为该地区平均工资的一半，不论其家庭经济状况如何。政府还增加卫生保健系统在保护公民生育健康和儿童健康方面的投入，以及学前和学校教育、儿童休闲、体育方面的社会投入。[②]

---

① 伊丽莎白·威尔金斯：《低生育率：决定因素》，联合国人口基金，2021 年 7 月，第 16 页。

② Улумбекова Г. Э., Гиноян А. Б., Худова И. Ю., Научное обоснование условий для повышения рождаемости в РФ в период с 2022 по 2030 г. № 1 (2022): 14.

第四，为儿童的发展创造有利条件，如多建立学前机构、免费的儿童游乐园、增添儿童可免费获得的医疗和预防服务。

（二）提高劳动年龄人口比例

面对劳动年龄人口比例迅速下降的情况，合理的解决方案是重新分配社会职能，加强无劳动能力年龄人口的社会作用，而不将他们作为劳动力资源参与社会生产，因此有必要引入“边缘代际人口”（Крайние поколения）的概念。[①]“边缘代际人口”是指能够帮助完成社会发展任务，但未达到工作年龄（5—16 岁）或超过工作年龄（60—65 岁以上）的人口。首先，从经济方面来看，在长期经济危机的背景下，俄罗斯各地区社会经济发展不平衡变得更加明显，表现在各级预算的赤字上。因此，社会状况最不利的地区无法制定和实施传统模式的社会发展计划。让“边缘代际人口”参与各地方的社会经济发展进程，能够加快社会发展，降低解决社会问题的成本。从社会方面看，现代社会的特点是一辈与一辈之间的社会差距不断扩大，由于老龄化问题加剧，代际关系冲突越来越严重并且表现在生活的各个领域，可能导致家庭关系破裂与社会的不稳定。因此，加强利用“边缘代际人口”，共同解决对社会发展重要的问题，将加强代际融合，减少社会差距，促进社会稳定。从意识形态来看，利用“边缘代际人口”会使老年人和年轻人在思想观念

① Попова А. Л. , Канавцев М. В. , Социально-Демографические проблемы старения населения России и их решение. № 40 (2015) : 160.

上更加接近。从政治方面来看，几代人之间的和谐关系将有助于维持国内政治稳定，并促进俄罗斯在国际舞台上塑造平等合作的国家形象。在现代社会中，“边缘代际人口”可以共同承担以下任务：在各代人之间分享精神和社会价值观；改善老年人和青少年的心理状况；帮助改善社会生活质量，维护有益的社会传统；在生产领域也会发生变化，如提高劳动力质量，加快技术发展等。

除此之外，在人口老龄化背景下，加强残疾人的社会作用，并将一些社会任务交给他们，不仅可以减轻劳动人口的负担，而且可以为社会经济发展创造更多机会。

（三）延长退休年龄

俄罗斯人口老龄化的主要原因之一是预期寿命的增加，近 25 年来，退休年龄人口的比例从 18.5%上升到 24.0%。2015 年每 100 人中有 41 人超过了劳动年龄的范围，超过劳动年龄人口的比例近几年还在持续增加，这一趋势会增加国家经济压力，加剧养老金制度预算的不平衡。在这种背景下，提高退休年龄似乎是减少退休人员数量、减少养老金费用最简单的手段。根据俄罗斯现行法律规定，男性退休年龄为 60 岁，女性为 55 岁。而在其他发达国家，男性和女性的退休年龄多为 65 岁，可见提高退休年龄是应对人口老龄化的常见措施。但关于提高退休年龄有两个问题值得注意：首先，俄罗斯男女退休年龄的差别正在缩小；其次，提高退休年龄的过程是长期的、渐进的和缓慢的。2018 年 10 月 3 日，俄罗斯联邦修正关于养老金分配和缴纳的相关立法，开始逐步提高获得养老保险和国家保障养老金的法定年龄，将自2019年至2028年分阶段过渡实施相关措施。例如，2022年，女性退休年龄为56.5岁，男性为61.5岁；到2024年，计划将女性退休年龄从56.5岁为提高到58岁，男性提高至63岁；到2026年，女性将在59岁时申请养老金，男性为64岁；2028年，女性退休年龄将提高到60岁，男性为65岁。最早感受到这种变化的是1963年出生的男人和1968年出生的女人，2019年，这些人中女性51岁，男性56岁。3年前，他们希望在5年后退休，但现在他们不得不在退休前工作近10年。①

另外，逐步提高退休年龄这一设想还考虑到两个方面。第一，俄罗斯人口的年龄结构存在现实问题。实际缴纳养老金者的人数远低于劳动年龄人口的人数（因为存在非经济活动人口、失业者、非正规就业者的情况），而领取养老金的人数多于退休年龄人口的人数（因为存在提前退休、残疾养恤金情况）。第二，提高妇女的退休年龄是减轻劳动人口压力的关键。根据俄罗斯联邦数据预测，通过将退休年龄提高到65岁，特别是对妇女而言，有可能大大减少人口老龄化对俄罗斯养老金制度的影响。另外，在劳动领域，传统的性别分工制度被打破，男女职业和工作领域的两极分化现象减轻。然而，根据民意调查，有一些受访者不支持将退休年龄逐步提高5年，但超过一半的受访者（56%）计划在退休后继续工作。

---

① Чистова Е. В., Чичканов В. П., Прогноз влияния повышения пенсионного возраста на демографическую структуру России. № 14 (2016): 128.

（四）降低死亡率

根据俄罗斯联邦人口调查数据，自 2020 年 12 月到 2021 年 11 月，死亡人数超过 240 万，这是自 1945 年以来最糟糕的时期，人口统计学家西涅利尼科夫（Синельников А. Б.）证实了这一点。这与新冠肺炎疫情的暴发和传播有着很大的关系，2021 年 9 月，平均每天有 801 人死于新冠肺炎，11 月，每天有 1222 名俄罗斯人死于新冠肺炎。2021 年达到极高死亡率还有其他原因——数千万人死于毒品和酒精。由此看来，还需要通过降低死亡率来应对人口老龄化问题。

为了减少人们对香烟和酒精的依赖，国家采取了各种政策，其中包括提高酒精税；对伏特加和其他酒精饮料采取最低限价；引入了有关酒精生产和销售的实时跟踪系统；限制某些地区的酒精供应；减少超市酒精供应时间；在公园和娱乐场所等无酒精公共场所采取严格政策。[①]

除此之外，相当一部分人喜欢吃不健康的快餐，这些食物中糖、饱和脂肪酸、盐含量极高，会导致人们患心脏病、高血压、糖尿病等。意识到这一点后，大部分人希望通过购买健康食品来获得高质量的营养，为了提高食品质量，政府必须对企业生产的最终产品进行系统控制与检查；进行宣传有关食品营养的各种培训，号召

---

① Хамер Г. В., Уровень смертности в России: состояние и меры по её снижению // Международный журнал гуманитарных и естественных наук. Науки о здоровье. № 3 (2020): 5.

人们树立健康的生活方式；减少每个地区的快餐店数量；利用食品标签，例如在超额热量、糖、盐和脂肪包装的正面进行图形标记，显示食物的卡路里含量，在菜单上标明食物中的盐含量；[1] 禁止数字媒体播放不健康的食品广告；等等。空气环境的质量也影响人们的健康，俄罗斯 80%的人口居住在空气质量不合格的城市。环境影响健康这一问题是全世界和俄罗斯联邦优先讨论的重点问题，专家们对生态死亡率最高的国家进行了排名，俄罗斯进入了前五名，据统计，俄罗斯每年约有 14 万人死于环境污染。因此，俄罗斯政府应采取更加严格的手段控制企业的污染情况，不仅要支付罚款，而且即使罚款数额很大，也要在企业整改达到环境要求之前暂停经营；建立绿色无污染现代化的垃圾处理厂，开发和应用专门的危险废物焚化技术。另外，工厂的建设应该只在远离市中心的地区进行，禁止在水体附近建造工厂。同时为了减少汽车排放对大气污染的影响，有必要采取借鉴其他国家的良好措施：充分利用电力、天然气、太阳能等绿色资源发展绿色城市公共交通；增加街道上自行车、滑板车和其他环保绿色交通工具的使用；等等。

四、结语

人口老龄化具有全球化趋势，面对不同的时代背景、不同的居

---

① Кобякова О. С., Стародубов В. И., Халтурина Д. А., Зыков В. А., Зубкова Т. С., Замятнина Е. С., Перспективные меры по снижению смертности в России: аналитический обзор. № 6 (2021): 575.

民生活习惯和文化习俗，国家应采取不同的措施。俄罗斯人口老龄化问题复杂久远，具有其独特的特点。俄罗斯人口老龄化进程在全国范围内极不均衡，空间分布差异大，同时存在老年男女性别比失衡、男女死亡率差异较大的现象，另外，较低的出生率和预期寿命提高等因素导致俄罗斯人口老龄化呈混合型模式。俄罗斯人口老龄化的影响是多方面的，不仅会影响国家经济发展，也会给社会带来一系列问题。俄罗斯政府应积极采取有效措施提高出生率，降低死亡率，通过合理延长退休年龄等方式有效缓解人口老龄化问题。随着乌克兰危机的持续，俄罗斯人口老龄化危机不容乐观，抑制人口老龄化、维持人口数量动态平衡，仍将是一项长期而艰巨的任务。

冷战后东盟安全观的演变及其地区意义

——以东盟地区论坛为例

唐晴　张洁*

摘　要　东盟地区论坛是亚太地区首个覆盖大多数地区主要国家、组织的政府间多边安全对话与合作机制，也是东盟维护自身“中心地位”的支柱性机制之一。冷战结束迄今，受地区环境的影响，东盟地区论坛发展呈现出明显的阶段性变化特点，反映了东盟安全观以“合作安全”为主线，由“综合安全”向“实用安全”，再向“积极安全”转变的过程。考察这一历史进程，有助于理解东盟构建地区安全架构的观念、动力与路径选择，同时也为把握地区秩序未来走向提供了重要观察视角。

关键词　东盟地区论坛；东盟安全观；中心地位；地区秩序；中美关系

---

* 唐晴，中国人民大学国际关系学院外交学专业硕士研究生；张洁，中国社会科学院亚太与全球战略研究院研究员、博士生导师，中国社会科学院大学国际政治经济学院教授。

当前，国际环境与世界格局正在发生深刻变化，亚太成为大国博弈的焦点地区。2022 年乌克兰危机爆发后，美国仍然强调“印太”地区对其全球战略的重要性与战略优先性。正如新版“美国印太战略”（*Indo-Pacific Strategy of the United States*）所称，中国正在“胁迫”和“侵略”全球，尤其是在“印太”地区，而该地区的战略态势将“界定国际秩序的基本性质”。因此，美国必须“塑造中国所处的战略环境”。①

美国试图在亚太地区构筑基于盟友与伙伴关系的安全网络，进而打造对抗性地区阵营，以此遏制中国。作为战略构建的重要一环，美国多次重申支持东盟的“中心地位”，包括东盟地区论坛（ARF）、东盟防长扩大会议（ADMM+）、东亚峰会（EAS）等东盟主导的地区机制。但是，美国的战略搅动事实上对现有的、以东盟为中心的地区安全架构形成显著冲击。在此背景下，东盟试图依托其经过长期努力形成的一系列地区机制，重塑战略主动性，维护自身“中心地位”。其中，东盟地区论坛的重要性再次显现。

东盟地区论坛成立于 1994 年 7 月，在维护亚太安全中发挥了重要作用。纵观东盟地区论坛成立至今的近 30 年间，亚太地区秩序发生了深刻变化，在东盟的主导下，东盟地区论坛通过适时战略调整，凝聚了域内外各方的安全共识，共同应对了传统安全与非传统安全的挑战，迄今为止已成为亚太地区最重要的官方多边安全对话

---

① The White House, *Indo-Pacific Strategy of the United States*, February 2022, https://www.whitehouse.gov/wp-content/uploads/2022/02/U.S.-Indo-Pacific-Strategy.pdf.

平台。因此，学术界也对东盟地区论坛展开了多角度的研究。不过，既有研究多侧重于东盟地区论坛的机制建设，将东盟安全观与东盟地区论坛相结合的研究较少。鉴于此，本文将以东盟地区论坛历年官方文件为主，重点探讨东盟地区论坛发展进程所体现出的东盟安全观变化（参见图 1），[①] 以及在安全观影响下东盟是如何推动东盟地区论坛实践的。这是因为，安全政策调整的底层逻辑是安全

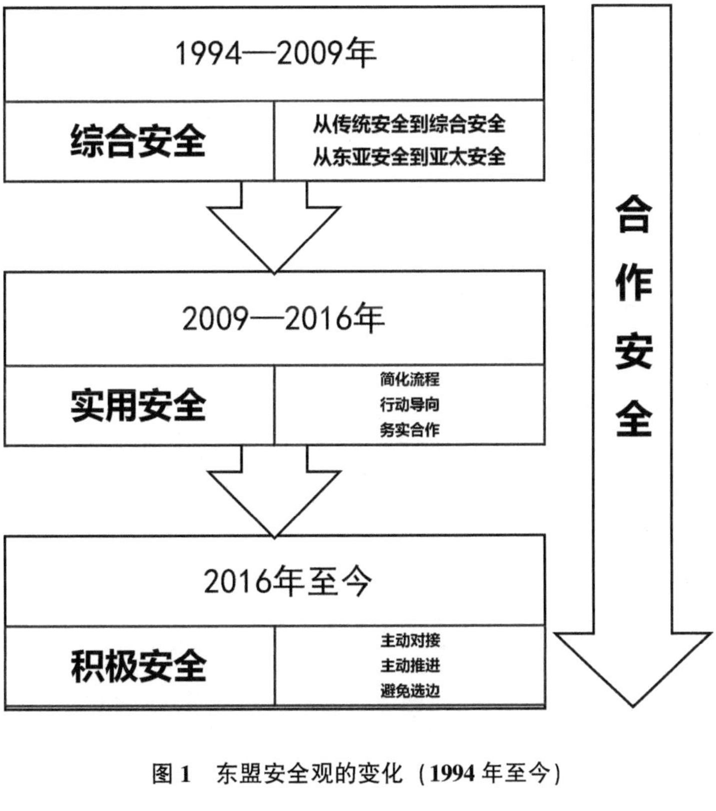

图 1　东盟安全观的变化（1994 年至今）

资料来源：作者自制。

① 本文所探讨的安全观变化不是指从一种安全观转化为另一种安全观，而是描述在某一阶段，居于主导地位的某种安全观的特点与表现。

观念的转变。安全观包括如何看待安全关系的构成和属性，如何认知安全的主体、主要问题和解决手段等基本内容。以东盟地区论坛为切入点，既有助于理解东盟安全观念的形成与发展，又可以考察东盟如何实现从观念到实践的转变。

一、“合作安全”：东盟地区论坛的成立

20 世纪 90 年代初，随着冷战结束，世界格局进入新调整时期，东南亚整体形势趋向稳定，经济呈现蓬勃发展的势头。但是，新一轮的大国竞争悄然开始，以往被冷战掩盖的地区矛盾不断上升，传统安全与非传统安全相互交织。新形势既对东盟提出挑战，也为东盟参与地区格局的构建提供了机遇，在此背景下，东盟地区论坛应运而生。

东盟地区论坛成立于 1994 年，包括东盟的成员国、协商伙伴国、对话伙伴成员观察国。成立之初，作为高级别官方磋商机制，东盟地区论坛主要围绕建立信任措施、核不扩散、维和、交流非机密军事信息、海上安全和预防性外交等六大领域开展合作，目的是促进亚太各国就共同关切的政治和安全问题进行建设性对话与磋商，为亚太地区建立信任和预防外交的努力作出贡献。①

东盟地区论坛的成立与发展受到“合作安全”观的深刻影响。

---

① ASEAN Regional Forum, *The First ASEAN Regional Forum Chairman Statement*, July 25, 1994, https: //aseanregionalforum. asean. org/wp-content/uploads/2019/01/First-ARF-Bangkok-25-July-1994.pdf.

"合作安全"是指通过地区合作，以和平方式防止、遏制和处理各种分歧与争端，推进地区抵抗力，最终实现各国的共同安全。[①]"合作安全"符合亚太地区特性，即本地区兼有大国与中小国家，各国特性差异大、安全需求多样化等。在"合作安全"观的指导下，东盟地区论坛主张通过接触、交流、对话与协商等方式解决地区安全问题，体现了倡导共识原则、自愿主义和渐进主义的突出特征。[②]

东盟地区论坛将域内有重大利益关切的大国纳入多边安全对话机制中，推动各方通过接触、对话、协商等方式交流安全关切，以合作促安全。冷战后，国际格局发生深刻变化，美国一超独大。但是在东南亚地区，美国实行战略收缩，更多依托日本等军事盟友，通过实施离岸平衡战略维护其地区主导地位。同期，中国的综合实力稳步增长，东盟不得不考虑"如何应对一个强大的中国"，特别是其部分成员国与中国存在南海争端。[③] 因此，早在1991年，东盟战略与国际研究所（ASEAN ISIS）在东盟第四次首脑会议上发布文件《行动时刻》（*A Time for Initiative*），强调地区安全合作的重要性，建议利用东盟外长扩大会议（PMCs）创建一个包括中国、朝鲜、俄罗斯和越南在内的多边安全合作论坛，并指出东盟未来成为

---

① J. Soedjati Djiwodono, "Cooperative Security in the Asia-Pacific Region: An ASEAN Perspective," *The Indonesian Quarterly*, no. 3 (1994): 208-209.

② 余建军：《美国和东盟地区论坛——多边主义的视角》，《东南亚研究》2009年第1期，第58页。

③ Keith R. Krauuse, *Culture and Security* (London: Frank Cass Publishers, 1999), p. 55.

该机制主导者的重要性。[1] 东盟试图通过安全合作的方式治理地区安全事务的想法得到了主要国家的积极回应。同一时期，出于改革开放的需要，中国也希望加强与东南亚的接触与对话。而俄罗斯、澳大利亚和加拿大作为亚太多边安全合作最早的倡导者与推动者，曾先后向东盟提出了基于欧安会观念的亚太安全合作建议。

东盟地区论坛的成立是东盟形成本土化的“合作安全”模式的尝试。“合作安全”的规范与既有的东盟规则和程序存在共同基础，安全合作的“地方动议”将西方国家的“共同安全”规范重构为“合作安全”，保留了原有的两个核心成分，即“包容”原则和以拒绝威慑为基础的安全体系。“合作安全”指导下的区域安全机制倾向于协商、保证、透明、预防和相互依存，而不是对抗、威慑、保密、修正和独来独往。[2] 第一届东盟地区论坛主席声明表示，将《东南亚友好合作条约》（*Treaty of Amity and Cooperation in Southeast Asia*）的宗旨和原则作为东盟地区论坛处理国家间关系的行为准则，以及建立区域国家间信任、促进国家间政治与安全合作、开展预防性外交的独特外交手段。东盟成功地将反对使用武力或武力威胁、对话与协商和平解决争端等与“合作安全”观相一致的《东南亚友好合作条约》原则纳入了东盟地区论坛合作机制。就此而言，东盟地区论坛强调的是，着眼于通过彼此对话，建立信任，进行预防性

---

① ASEAN ISIS, *A Time for Initiative: Proposals for the Consideration of the 4th ASEAN Summit*, 1991, pp. 2-5.

② 郑先武：《“合作安全”与东南亚安全区域主义》，《国际论坛》2007 年第 1 期，第 74 页。

外交，为争端和纠纷的解决创造积极的气氛和条件，以合作促安全。

二、“综合安全”：东盟地区论坛的发展（1994—2009）

东盟地区论坛成立之后至2009年，东盟以“综合安全”为指导，对不断加快的全球化与区域化进程以及综合性安全挑战作出回应。在东南亚地区，“综合安全”观源自印度尼西亚于20世纪六七十年代提出的“国家抗御力”（National Resilience）和“区域抗御力”（Regional Resilience）概念。时任印度尼西亚总统苏哈托认为，“国家抗御力”是对内有能力保证国家社会变迁的同时，在面对各种脆弱性时，仍能保持自己的认同；对外有能力应对各类外部威胁。“国家抗御力”意味着一个国家在意识形态、政治、经济、社会、文化及军事等各个领域的能力提升。[①] 印度尼西亚前外长马利克认为，“区域抗御力”能够增强每个成员国及其人民在各领域努力获得的力量和能力，以便抵挡和克服有害健康与和谐发展的各种外部干涉和负面影响。[②] 但是，概念提出之际，仍处于冷战时期，东南亚国家不得不重点关注军事、政治安全，“综合安全”观并未

---

① Hansen, G. E., “Indonesia 1975: National Resilience and Continuity of the New Order Struggle,” *Asian Survey* 16, no. 2 (1976): 146-158.

② Anwar, Dewi Fortuna, “National versus Regional Resilience? An Indonesian Perspective,” in Derek da Cunha, ed., *Southeast Asian Perspectives on Security* (Singapore: ISEAS Publishing, 2000), pp. 82-83.

得到重视。[1]

东盟地区论坛成立后，东盟主导论坛的议程设置，体现了“综合安全”观的深刻影响，一是推动论坛讨论的安全议题不断扩展，如推动包括军事、政治、经济、社会、环境各领域安全议题的合作对话；二是推动论坛覆盖的地理范围不断扩大，包括亚洲、太平洋、印度洋地区。

（一）从传统安全转向综合安全

东盟地区论坛成立之初，传统安全议题占据主要议程，如朝核问题、南海问题等。然而，对于传统安全问题的过分关注导致东盟地区论坛成为一个“清谈馆”（Talk Shop），缺乏具体和可操作的安全合作议程。[2] 这是因为，传统安全议题多涉及主权问题，具有高度的敏感性和复杂性，当时东盟的“中心地位”仍处于构建阶段，自身能力有限，对大国分歧的调解能力较弱。不仅如此，在东盟地区论坛成立之初，西方国家还一度试图争夺论坛的主导权。在1995年第二届东盟地区论坛主席国声明宣布每年的论坛将在东盟外长会议后举行，并且由东盟国家轮流担任轮值主席国后，西方国家对此表示不满。[3] 1997年亚洲金融危机爆发后，西方国家试图以经济援

① 郑先武：《“合作安全”与东南亚安全区域主义》，《国际论坛》2007年第1期，第74页。

② Jürgen Haacke, “The ASEAN Regional Forum: From dialogue to practical security cooperation?” *Cambridge Review of International Affairs*, no. 3 (2009): 428.

③ ASEAN Regional Forum, *The Second ASEAN Regional Forum Chairman Statement*, August 1, 1995, https://aseanregionalforum.asean.org/wp-content/uploads/2019/01/Chairmans-Statement-of-the-2nd-ARF.pdf.

助为要挟，争夺东盟地区论坛的主导权。[①] 因此，保证东盟地区论坛有效运行成为当时东盟面临的首要任务。

进入21世纪，东盟地区论坛作为“清谈馆”的困境出现转机，随着本地区面临的诸如军控、防止核武器及大规模杀伤武器扩散、维持和平等传统安全挑战日益多边化、多层次化，同时海上安全、经济安全、反恐、救灾、跨国犯罪等非传统安全挑战的多样化，安全概念的外延被扩大化，亚太各国亟需以综合方式加以应对。2008年7月，第15届东盟地区论坛形成共识，即针对各类传统安全和非传统安全挑战，论坛成员国应以“综合安全”为指导，提高协同能力，在关切传统安全议题的同时，在非传统安全领域开展务实合作。此后，论坛关注的议题范围不断扩大。

通过加强非传统安全合作，东盟地区论坛试图培育地区共同体意识，保障地区的和平与发展。因为环境保护、救灾与人道主义援助、跨国犯罪等非传统安全问题远超一国治理能力的范围，以合作应对这些挑战成为论坛成员国的首选，这也成为东盟地区论坛取得实质性进展的突破口。[②] 同时，非传统安全合作的扩大有助于增加地区国家的共同安全利益，以及东盟地区安全共同体的意识和地区身份的认同。[③]

---

① 陈以定：《东盟地区论坛的发展对中国安全环境的影响》，《东南亚纵横》2003年第4期，第58页。

② 韦红：《东南亚地区非传统安全合作机制架构与中国的策略思考》，《南洋问题研究》2013年第2期，第1页。

③ 韦红、颜欣：《东盟地区安全治理模式变迁——从抗御力到安全共同体》，《当代世界与社会主义》2017年第5期，第166—167页。

东盟地区论坛的合作由传统安全为主转向传统安全与非传统安全相结合，是地区现实环境所决定的，也是综合安全观的具体体现。1994—2009 年，论坛在经济安全、反恐、救灾、跨国犯罪、海上安全等领域的合作不断增加，取得很大的进展。

一是经济安全合作得到发展。东盟地区论坛将安全概念扩展到经济、社会领域，1997 年，第 4 届东盟地区论坛强调经济发展已成为地区主要焦点，是东盟地区论坛可供合作的方向。[①] 1998 年，第 5 届东盟地区论坛同意坚持以全面的方式处理安全问题，与会各国广泛讨论了地区金融形势，支持为恢复金融稳定而采取的各种单边、双边、区域和多边措施。[②]

二是救灾合作常态化。救灾是东盟地区论坛探索预防性外交机制化的首选领域，发展最快。[③] 东南亚地区自然灾害频发，生态环境脆弱。1996 年，东盟地区论坛首次启动救灾合作，同意建立搜救协调与合作的会间会（ISM on Search and Rescue Coordination and Cooperation, ISM on SRCC），专门讨论建立搜救协调中心和搜救人员

---

① ASEAN Regional Forum, *The Fourth ASEAN Regional Forum Chairman Statement*, July 27, 1997, https://aseanregionalforum.asean.org/wp-content/uploads/2019/01/Chairmans-Statement-of-the-4th-ARF.pdf.

② ASEAN Regional Forum, *The Fifth ASEAN Regional Forum Chairman Statement*, July 27, 1998, https://aseanregionalforum.asean.org/wp-content/uploads/2019/01/Chairmans-Statement-of-the-5th-ARF.pdf.

③ 吴琳：《过程、制度与规范本土化——预防性外交在东盟安全合作中的扩散》，《世界经济与政治》2019 年第 2 期，第 67—68 页。

网络等问题。[1] 1997 年，印度尼西亚大火导致印度尼西亚及其周边国家的民众健康、经济发展遭受损害，[2] 7 月，第 4 届东盟地区论坛同意将人道主义救援与救灾方面的工作置于救灾会间会（ISM on Disaster Relief，ISM on DR）内处理，会议常态化运行，[3] 连续 4 年每年举行一次。2004 年印度洋海啸致使印度尼西亚、泰国等国家损失惨重，[4] 救灾合作日益紧迫。鉴于此，2005 年 7 月第 12 届东盟地区论坛同意重新召开由印度尼西亚和中国共同主持的救灾会间会，将救灾军民合作、信息共享和建立及时应对灾害的共同程序作为合作重点。[5] 之后，东盟地区论坛陆续通过了一系列相关文件，包括《东盟地区论坛关于灾害管理和应急响应的声明》（*ASEAN Regional Forum Statement on Disaster Management and Emergency Response*, 2006）、《东盟地区论坛救灾合作指导原则》（*ARF General Guidelines for Disaster Relief Cooperation*, 2007）、《东盟地区论坛救灾工作计划（2009—2011 年）》（*ARF Work Plan For Disaster Relief* 2009－2011，

---

① ASEAN Regional Forum, *The Third ASEAN Regional Forum Chairman Statement*, July 23, 1996, https://aseanregionalforum.asean.org/wp-content/uploads/2019/01/Chairmans-Statement-of-the-3rd-ARF.pdf.

② David Seth Jones, "ASEAN Initiatives to Combat Haze Pollution: An Assessment of Regional Cooperation in Public Policy Making," *Asian Journal of Political Science*, no. 2 (2004): 61.

③ ASEAN Regional Forum, *The Fourth ASEAN Regional Forum Chairman Statement*, July 27, 1997, https://aseanregionalforum.asean.org/wp-content/uploads/2019/01/Chairmans-Statement-of-the-4th-ARF.pdf.

④ 赵蜀蓉：《印度洋海啸与中国的东南亚战略》，《西南民族大学学报（人文社科版）》2005 年第 4 期，第 194 页。

⑤ ASEAN Regional Forum, *The Twelfth ASEAN Regional Forum Chairman Statement*, July 29, 2005, https://aseanregionalforum.asean.org/wp-content/uploads/2019/01/Chairmans-Statement-of-the-12th-ARF.pdf.

2009），不断推动减灾救灾合作深入推进（见表1）。[①]

表1 东盟地区论坛救灾合作主要内容（1994—2009年）

年份	主要内容
1996	建立东盟地区论坛搜救协调与合作会间会
1997—2000	东盟地区论坛救灾会间会常态化运行，主题包括救灾中的军民合作、信息共享（利用网络预警和联络点）、建立程序加快对灾害的反应
2005	重新召开东盟地区论坛救灾会间会
2006	发布《东盟地区论坛关于灾害管理和应急响应的声明》，呼吁制定灾害管理和应急的一般准则，供参与国的文职和军事人员使用
2007	发布《东盟地区论坛救灾合作指导原则》，旨在为参与国之间的救灾合作建立一个基本框架，促进更有效的合作，并减少频繁灾害造成的损失
2009	发布《东盟地区论坛救灾工作计划（2009—2011年）》，旨在协调东盟地区论坛范围内或次区域的备灾培训

资料来源：作者根据东盟地区论坛官方公开文件自制，参见东盟地区论坛网站：https://aseanregionalforum.asean.org/arf-library/。

三是加强反恐合作。通过组织大量的多边交流、讨论提高防范恐怖主义的标准，东盟地区论坛为整个区域的反恐提供了政治动力。[②] 2001年"9·11"事件以及2002年"巴厘岛爆炸案"强化了东盟地区论坛有关反恐的安全合作。2001年，第8届东盟地区论坛提出，所有恐怖主义行为都是对人类的攻击和国际和平与稳定的深

① *ASEAN Regional Forum at Twenty: Promoting Peace and Security in the Asia-Pacific* (Beijing: World Affairs Press, 2013), pp. 178-179.

② Jürgen Haacke, "The ASEAN Regional Forum: From dialogue to practical security cooperation?" *Cambridge Review of International Affairs*, no. 3 (2009): 430-434.

刻威胁，集体承诺在区域一级合作，共同采取实际反恐措施，[①] 反恐议题正式被纳入东盟地区论坛。2002 年，第 9 届东盟地区论坛发表了《关于打击恐怖主义融资措施的声明》，承诺携手制止恐怖分子筹资活动，并在信息交流方面加强国际合作，提高参与者在法律援助、金融措施和实际执法合作等领域的反恐能力，成立了由美国和马来西亚主持的打击恐怖主义和跨国犯罪的会间会（ISM on Counter-Terrorism and Transnational Crime, ISM on CTTC），[②] 反恐合作开始成为东盟地区论坛非传统安全合作的运行机制之一。2006 年，第 12 届东盟地区论坛通过了《东盟地区论坛关于打击网络攻击和恐怖分子滥用网络空间的合作声明》《东盟地区论坛关于灾害管理和应急响应的声明》以及《东盟地区论坛关于促进以人为本的方式进行反恐的声明》。[③] 2008 年，第 15 届东盟地区论坛同意支持打击恐怖主义和跨国犯罪的工作计划，重申了将在民间社会、私营部门以及大众媒体的参与下打击恐怖主义。[④]

---

① ASEAN Regional Forum, *The Eighth ASEAN Regional Forum Chairman Statement*, July 25, 2001, https: //aseanregionalforum. asean. org/wp-content/uploads/2019/01/Chairmans-Statement-of-the-8th-ARF. pdf.

② ASEAN Regional Forum, *The Ninth ASEAN Regional Forum Chairman Statement*, July 31, 2002, https: //aseanregionalforum. asean. org/wp-content/uploads/2019/01/Chairmans-Statement-of-the-9th-ARF. pdf.

③ ASEAN Regional Forum, *The Eleventh ASEAN Regional Forum Chairman Statement*, July 28, 2006, https: //aseanregionalforum. asean. org/wp-content/uploads/2019/01/Thirteenth-ARF-Kuala-Lumpur-28-July-2006. pdf.

④ ASEAN Regional Forum, *The Fifteenth ASEAN Regional Forum Chairman Statement*, July 24, 2008, https: //aseanregionalforum. asean. org/wp-content/uploads/2019/01/Chairmans-Statement-of-the-15th-ARF. pdf.

（二）从东亚安全扩展到亚太—印度洋地区的安全合作

1994—2009年，东盟地区论坛积极推动组织建设，成员国数量不断增加，安全合作的地域范围也从东亚扩展到亚太—印度洋地区，为东盟地区论坛以"综合安全"应对地区合作提供了机制基础。

东盟在成立之初，关注重点是促进地区内部的安全合作，确保东南亚不成为美苏意识形态斗争的战场，以实现地区稳定，侧重于解决东南亚地区内部安全问题，包括成员国间的主权纷争、越南问题、柬埔寨问题等。随着冷战结束，东盟开始将关注重点转移到更广泛的、外部大国的安全关系问题上。这种关注的变化是由外部权力格局变化、地区安全发展、内部信心提升造成的。

首先，苏联解体，冷战结束，大国权力对比发生重大变化，中国经济和军事的快速崛起促使东盟与中国和其他大国接触，以确保该地区的力量平衡。其次，冷战结束后，随着全球化的不断发展，本地区涌现了诸多新的安全挑战，如跨国犯罪与海上安全等，这不仅需要东盟地区内部的合作，也需要与外部大国的协调配合。最后，柬埔寨冲突的和平解决增加了东盟维护地区安全的信心，也点燃了东盟建立地区安全机制的兴趣。[①] 在围绕柬埔寨问题进行磋商、谈判的过程中，东盟国家发挥了强有力的作用，这使世界认识到了

---

① 阿米塔·阿查亚：《建构安全共同体：东盟与地区秩序》，王正毅、冯怀信译，上海人民出版社，2004，第241页。

东盟的外交力量，提高了东盟的国际声望。随着柬埔寨问题的解决，东盟希望通过某种固定方式维持已经获得的国际声望，而创建多边主义安全合作机制则有利于主导方获取政治地位，东盟将此视为机会，同时认为自身具有这种创建能力和优势。[①]

基于地区变化与成功实践，东盟积极推进大东盟的构建。随着1999 年 4 月柬埔寨的加入，东盟拥有了 10 个成员国，这使冷战时期形成的老东盟国家与中南半岛国家两个阵营的敌对状态得以结束，标志着整个东南亚地区置于东盟安全机制的覆盖之下。同时，东盟也更为积极地参与亚太地区安全事务，尤其是东亚事务。出于对提升自身重要性的考虑，东盟在政治上积极利用集团力量在中、美、日、俄、欧等力量之间实施平衡战略。一方面，东盟致力于完成东盟地区论坛的成员扩容任务（见表 2），成员由 18 个扩大到 27 个，几乎包含了所有具有影响力或安全重要性的国家和组织，被公认为是亚太地区级别最高、规模最大的多边论坛；[②] 另一方面，东盟地区论坛的议题覆盖面也相应扩大，在地理上，从最初关切东南亚、东亚区域安全问题逐步扩展到关注太平洋地区、印度洋地区的安全问题，更加综合地考虑地区安全环境。

---

① 唐俊：《中国参与东盟地区论坛历程分析》，硕士学位论文，华中师范大学，2016，第 12—13 页。

② 徐斌：《东盟与东盟地区论坛进程》，《南洋问题研究》1999 年第 3 期，第 38 页。

表 2　东盟地区论坛成员加入时间表

年份	加入国家
1994	东盟六国（印度尼西亚、菲律宾、马来西亚、文莱、泰国和新加坡）、东盟协商伙伴国（俄罗斯和中国）、东盟对话伙伴成员（美国、韩国、日本、澳大利亚、新西兰、欧盟和加拿大）、东盟观察员国（巴布亚新几内亚、老挝和越南）
1995	柬埔寨
1996	缅甸、印度
1998	蒙古
2000	朝鲜
2004	巴基斯坦
2005	东帝汶
2006	孟加拉国
2007	斯里兰卡

资料来源：作者根据东盟地区论坛官方公开文件自制，参见东盟地区论坛网站：https://aseanregionalforum.asean.org/arf-library/。

三、“实用安全”：东盟地区论坛的转变（2009—2016）

20 世纪末至 21 世纪前十年，中美关系大致保持了接触与合作的状态，这为东盟地区论坛开展“综合安全”提供了相对宽松友好的地区环境。然而，2009 年之后，在多因素作用下，美国逐步将中国作为竞争对手，开始“重返”亚太以维护自身的地区安全主导权，这导致东盟地区论坛的战略空间受到挤压，尤其是美国利用南海问题加强对华博弈，包括利用东盟地区论坛热炒南海问题，围攻中国，从而导致东盟对东盟地区论坛议程设置的主导权受到很大冲击。

美国的重返不仅使东盟搭建的地区合作机制愈发成为大国博弈的角斗场，同时也成为东盟部分国家固化其在南海问题上非法主张的发声平台。2010 年，越南利用东盟轮值主席国之便，把南海问题作为主要议题，与美国在南海问题上一唱一和。2012 年，菲律宾坚持将本国的立场塞进联合声明等，损害了东盟地区论坛对话协商与合作的基本精神。[①] 2015 年，菲律宾在东盟地区论坛外长会以南海仲裁案“裁决”抹黑中国，攻击中国的南海政策，日本则支持菲律宾。[②] 2015—2016 年东盟地区论坛主席声明甚至将南海问题列为严重关切。这一系列交锋使得东盟地区论坛的运行受到负面影响，“综合安全”相关议程难以有效开展。

在此背景下，东盟试图以实用主义的安全观念指导东盟地区论坛的机制建设与对话合作。“实用主义”是指以适合现在实际存在的条件和明智的方式解决问题，而不是遵守固定的理论、想法或规则。落实到实践中，则是强调务实合作的方式，以行动为导向，从现实出发，维护安全稳定。2009 年 7 月，第 16 届东盟地区论坛通

---

① 《菲越借东盟会议炒作南海问题欲立南海行为准则》，中国新闻网，2012 年 7 月 11 日，https://www.chinanews.com/gj/2012/07-11/4023237.shtml。

② 《王毅在东盟地区论坛上谈南海问题》，中国外交部网站，2015 年 8 月 6 日，https://www.mfa.gov.cn/web/zyxw/201508/t20150806_333948.shtml。

过《东盟地区论坛愿景声明》，[①] 描绘了东盟地区论坛的 2020 年愿景，强调未来行动将以简化流程、行动导向与务实合作作为主要方向。[②]

在简化流程上，为切实解决地区多层次、复杂化的安全关切，东盟地区论坛继续振兴自身，以保持在促进区域和平与稳定、发展区域安全架构中的首要地位。第 16 届东盟地区论坛通过了有关《改进东盟地区论坛工作方法》的文件，包括简化决策和磋商过程。[③] 第 17 届东盟地区论坛则强调必须在应对多层面挑战方面更加注重行动，包括对区域和平与安全有直接影响的非传统安全威胁，为此论坛审议并通过了《落实东盟地区论坛愿景声明的河内行动计划》，[④] 2013 年第 20 届东盟地区论坛则进一步强调，为落实该行动计划，必须建立专门的“信任措施和政策问题专家组”，并且由论坛的高级官员会议每年进行审查。[⑤]

---

① 参见 *ASEAN Regional Forum at Twenty: Promoting Peace and Security in the Asia-Pacific* (Beijing: World Affairs Press, 2013), p. 91。

② ASEAN Regional Forum, *The Sixteenth ASEAN Regional Forum Chairman Statement*, July 23, 2009, https://aseanregionalforum.asean.org/wp-content/uploads/2019/01/Chairmans-Statement-of-the-16th-ARF.pdf.

③ ASEAN Regional Forum, *The Sixteenth ASEAN Regional Forum Chairman Statement*, July 23, 2009, https://aseanregionalforum.asean.org/wp-content/uploads/2019/01/Chairmans-Statement-of-the-16th-ARF.pdf.

④ ASEAN Regional Forum, *The Seventeenth ASEAN Regional Forum Chairman Statement*, July 23, 2010, https://aseanregionalforum.asean.org/wp-content/uploads/2019/01/Chairmans-Statement-of-the-17th-ARF.pdf.

⑤ ASEAN Regional Forum, *The Twentieth ASEAN Regional Forum Chairman Statement*, July 2, 2013, https://aseanregionalforum.asean.org/wp-content/uploads/2019/01/Chairmans-Statement-of-the-20th-ARF.pdf.

在行动导向上，东盟地区论坛从现实权力结构与安全需求出发，更注重行动效果，强调在直接影响各国民众的优先领域，即与非传统、跨界和国家间安全挑战有关的领域，发展预防性外交，包括努力建立相互接受的预警机制，使东盟地区论坛成为一个以行动为导向的机制，对亚太地区面临的共同挑战以及未来可能出现的挑战制定具体、有效的应对措施。[①]

在务实合作上，东盟地区论坛加强同东盟主导下的其他新成立的地区架构进行对接。2009 年之后，美国、中国、日本、澳大利亚等国先后提出建立新机制或重振旧机制，试图达到制衡彼此的目的。[②] 例如，奥巴马政府积极推动《跨太平洋伙伴关系协定》落地，试图利用排他性制度降低中国对地区经济事务的影响力；2009 年，鸠山由纪夫就任日本内阁首相，多次主张建立“东亚共同体”；2008 年，澳大利亚总理的陆克文也提议整合现有地区机构，建立亚太共同体，提升解决地区政治与安全争端的效力。同期，东盟也主导成立了新的亚太安全机制，如 2010 年成立的东盟防长扩大会议。这些合作机制相互平行、套嵌或者交叠，模糊了安全机制的边界，使得不同的安全合作区块之间形成了一种交叉合作与竞争关系，加剧了地区形势的复杂性与解决难度。[③]

---

① *ASEAN Regional Forum at Twenty: Promoting Peace and Security in the Asia-Pacific* (Beijing: World Affairs Press, 2013), p. 91.

② 贺凯：《亚太地区的制度制衡与竞争性多边主义》，《世界经济与政治》2018 年第 12 期，第 69 页。

③ 韦红、尹楠楠：《东南亚安全合作机制碎片化问题研究》，《太平洋学报》2018 年第 8 期，第 16 页。

面对地区安全机制碎片化、复杂化、重叠化的情况，东盟为维护自身在地区安全架构中的主导地位，开始有限度地降低东盟地区论坛的核心地位，更多强调论坛与其他安全机制的对接，包括支持东盟防长扩大会议的建立，东亚峰会扩容至俄罗斯和美国，鼓励东盟地区论坛通过协调与沟通，与东盟主导的其他机制实现协同发展。[①] 2012—2014 年，东盟地区论坛与东盟防长扩大会议之间的合作水平逐步加强，包括双方通过加强交叉出席活动、会议以促进信息共享；鼓励双方进行交叉报告，如邀请东盟防长扩大会议主席在东盟地区论坛上进行报告发言；东盟地区论坛邀请东盟防长扩大会议专家工作组的主席参加相关会间会，并将此邀请机制常态化。最后，双方在活动日程方面实现信息共享，举办联合议程活动。

四、“积极安全”：东盟地区论坛的困境（2016 年至今）

2016 年后，亚太地区形势再次发生深刻变化。从特朗普政府到拜登政府，美国出台多份“印太战略”报告，导致中美战略博弈态势不断强化，两国合作和协作的空间不断被美国淡化和压缩，而竞争观念不断被重申，竞争领域不断被拓展。[②] 同时，亚太地区安全热点频发，新冠疫情肆虐、乌克兰危机爆发等事件进一步加剧了亚

① ASEAN Regional Forum, *The Eighteenth ASEAN Regional Forum Chairman Statement*, July 23, 2011, https://aseanregionalforum.asean.org/wp-content/uploads/2019/01/Chairmans-Statement-of-the-18th-ARF.pdf.

② 樊吉社：《中美战略竞争的风险与管控路径》，《南开学报》2021 年第 5 期，第 1 页。

太安全局势的复杂性与不稳定性。在这种情况下，东盟主导的地区安全机制面临更为严峻的挑战，涉及大国核心利益的敏感议题被引入东盟地区论坛的对话议程，各成员国“舒适性”原则和“不干涉内政”原则遭到破坏；东盟长期关注的非传统安全议题被边缘化，其对议程设置的主导受到严重削弱。

为了维护自身的“统一性”与“中心性”，东盟开始采取“积极安全”，即以积极主动的方式，主动对接由于外部竞争而产生的新安全形势，推进域内实质性的安全合作需求。

（一）主动对接

首先，东盟地区论坛主动对接大国竞争的关键领域，设立了关于信息和通信技术议题的会间会，以此增加自身平衡大国竞争的砝码。2017 年以后，中美竞争弱化了东盟对机制议程的主导作用，中、美支持议题扩大但议而不决，同时在各方聚焦的核心议题下各自表述、各说各话。[①] 科技竞争是中美战略博弈的核心，其中又以通信技术为关键部分。[②] 对此，东盟地区论坛开始推动信息与通信技术合作。2017 年第 24 届东盟地区论坛决定由马来西亚、新加坡、日本共同举办第一届信息与通信技术会间会（ISM on the Security of

① 吴琳：《中美制度竞争对东盟中心地位的冲击——以东盟地区论坛（ARF）为例》，《外交评论》2021 年第 5 期，第 104—106 页。

② 赵明昊：《统合性压制：美国对华科技竞争新态势论析》，《太平洋学报》2021 年第 9 期，第 1 页。

and in the Use of Information Communications Technology, ISM-ICTs),[①] 并将其列为东盟地区论坛的第七个重点领域，相关会间会实现常态化。

其次，东盟地区论坛对接大国的地区方案，协助东盟出台《东盟印太展望》（*ASEAN Outlook on the Indo-Pacific*，以下简称《展望》），提升东盟的战略自主性。近年来，日本、澳大利亚、欧盟等各方纷纷出台不同版本的“印太”方案。在此情况下，东盟国家协商出台《东盟印太展望》加以应对。[②]《展望》倡导对话与合作，强调东盟仍将在区域架构中发挥集体领导作用，在利益竞争的战略环境中继续充当“诚实的中间人”（honest broker）。《展望》更突出其基于包容的“互联互通”的定位，意在推动不同的合作机制、不同的地区方案形成对接，既包括东盟牵头的机制与“印太”地区其他区域、次区域机制的连接与加强合作，也包括推动“一带一路”倡议与美国及其他版本“印太战略”的对接。[③]

东盟地区论坛是东盟推进《展望》的主要地区机制之一，2020年第27届东盟地区论坛强调将《展望》确定的关键性合作领域作为该机制的主要合作目标。2021年第28届东盟地区论坛主席声明

---

① ASEAN Regional Forum, *The Twenty-fourth ASEAN Regional Forum Chairman Statement*, August 7, 2017, https://aseanregionalforum.asean.org/wp-content/uploads/2019/01/Chairmans-Statement-of-the-24th-ARF.pdf.

② ASEAN Regional Forum, *The Twenty-seventh ASEAN Regional Forum Chairman Statement*, September 12, 2020, https://aseanregionalforum.asean.org/wp-content/uploads/2020/09/Final-27th-ARF-Chairman-Statement_as-of-13-September-2020-clean.pdf.

③ 具体论述参见张洁：《东盟中心主义重构与中国—东盟关系的发展》，《国际问题研究》2021年第3期，第118—135页。

更是指明《展望》是东盟参与更广泛的“印太”事务的行动指南。[①]

（二）主动推进

东盟地区论坛作为处理地区安全议题的对话平台，为各国提供了便利的沟通机制，避免国家间的主权安全冲突矛盾升级，同时为解决地区安全关切提供合作渠道。早期，在传统安全议题上，东盟以“照顾各方舒适度”的灵活原则将南海问题、朝核问题、军事透明度等中美最为关切的议题纳入机制讨论，并将台湾问题排除在议程之外，获得了大国信任。[②] 但是随着中美博弈的加剧，不仅朝核问题、南海问题重新成为东盟地区论坛讨论的重点，而且涉及台海局势。2022 年东盟地区论坛的主席声明中甚至明确提及台海议题。[③]

在此背景下，东盟加强对论坛议程的主导作用，坚持主张优先解决非传统安全问题。自 2016 年起，论坛会议通过的 16 项声明中，14 项涉及非传统安全领域（见表 3）。这不仅维护了东盟的“中心地位”，而且在管控非传统安全风险、保障地区安全方面发挥了积极作用。

---

① ASEAN Regional Forum, *The Twenty-eighth ASEAN Regional Forum Chairman Statement*, August 6, 2021, https://aseanregionalforum.asean.org/wp-content/uploads/2021/08/Final-Chairmans-Statement-of-the-28th-ARF.pdf.

② 张云：《国际政治中“弱者”的逻辑——东盟与亚太地区大国关系》，社会科学文献出版社，2010，第 66—87 页、第 224—236 页。

③ ASEAN Regional Forum, *The Twenty-ninth ASEAN Regional Forum Chairman Statement*, August 5, 2022, https://aseanregionalforum.asean.org/wp-content/uploads/2022/08/FINAL-Chairmans-Statement-of-the-29th-ARF.pdf.

表 3　东盟地区论坛声明汇总（2016—2022 年）

年份	声明
2016	《东盟地区论坛关于加强合作管理罪犯跨境流动的声明》 《东盟地区论坛关于加强海事执法机构间合作的部长级声明》 《东盟地区论坛就最近悲惨的恐怖袭击事件发表部长声明》
2017	《东盟地区论坛关于加强合作解决和打击毒品问题的声明》 《东盟地区论坛关于合作预防、阻止和消除非法、未报告和无管制捕捞的声明》
2018	《东盟地区论坛关于灾害管理合作的声明》
2019	《东盟地区论坛关于航空伙伴关系的声明》 《关于在东盟地区论坛上促进妇女、和平与安全的联合声明》 《关于预防和打击恐怖主义和助长恐怖主义的暴力极端主义的声明》
2020	《东盟地区论坛关于加强合作以预防和应对传染病暴发的声明》 《东盟地区论坛关于被恐怖组织招募或与之相关的儿童待遇的声明》 《东盟地区论坛关于在国际安全领域以及在国际安全背景下使用信息通信技术方面的合作声明》
2021	《关于在东盟地区论坛上促进青年、和平与安全议程的联合声明》
2022	《东盟地区论坛关于通过建立信任措施和预防性外交促进和平、稳定和繁荣的声明》 《东盟地区论坛关于重申致力于维护东南亚无核武器区的声明》 《东盟地区论坛关于在建立信任措施、预防性外交和解决冲突中促进妇女、和平与安全以及青年、和平与安全议程的包容性进程框架》

资料来源：作者根据东盟地区论坛官方公开文件自制，参见东盟地区论坛网站，https://aseanregionalforum.asean.org/arf-library/。

五、东盟地区论坛安全观变迁的地区意义

冷战结束以来，东盟主导构建了多层次的区域安全机制，为维护地区稳定与发展发挥了重要作用。在“合作安全”观的影响下，东盟地区论坛应运而生，并根据国际与地区格局的变化及时调整其安全关切和合作方式，呈现出由“综合安全”向“实用安全”，再向“积极安全”的变化轨迹。安全观的不断演变体现了东盟的灵活性与务实性。未来，在中美博弈不断加强的态势下，既有的实践经验将有助于东盟继续主导东盟地区论坛，在维护地区安全的对话协商中发挥积极作用。

（一）东盟地区论坛安全观变迁的特点及其地区意义

首先，东盟地区论坛演变的安全观体现了东盟在适应不断变化的地区安全动态方面的灵活性。冷战结束以来，大国权力格局巨变，地区非传统安全问题凸显，传统安全与非传统安全风险交织上升。在此背景下，东盟主动依据环境变化调整自身的安全观，以“合作安全”“综合安全”“实用安全”“积极安全”应对地区安全秩序的变化。一方面，东盟地区论坛主动将主要大国纳入对话机制，依据地区热点推进机制扩容，同时注重坚持“舒适度”原则等规则设定以应对大国竞争；另一方面，面对交织错杂的安全议题，东盟地区论坛适时调整合作重点，统筹应对传统安全与非传统安全

的多重调整。

其次，东盟地区论坛演变的安全观突出了东盟的务实态度。面对成员国各自的政治制度、经济发展水平、安全需求的差异巨大，以及复杂多变的地区形势，东盟地区论坛以行动为导向，务实推进安全合作。包括推进论坛机制设置的简化，加强同其他机制的对接，提高合作的能力与效力。在议题上，东盟地区论坛以非传统安全议题为突破口，推进地区合作，培育地区战略互信，增强大国良性互动，解决地区安全关切。

东盟地区论坛对于地区安全与稳定的突出贡献体现在培育信任、指明方向、搭建平台三方面。一是培育成员国间的互信。东盟地区论坛将东盟成员国以及中国、美国、日本、印度等域内外主要国家聚集在一起，共同讨论和处理地区安全问题。二是引领了地区安全合作方向。东盟地区论坛通过设置切实反应地区安全关切的议题，为地区安全合作指明方向，尤其是强调关注非传统安全挑战，从而避免了本地区完全沦为大国博弈的竞技场。三是搭建了地区对话合作平台。通过适应不断变化的安全动态，促进务实性合作，东盟在亚太地区塑造了安全对话平台，使各主要地区力量重视东盟地区论坛提供的对话交流渠道，尤其是在大国博弈加剧的背景下，这种平台对于大国间保持必要的沟通尤为具有重要价值。

（二）中美重视东盟在地区安全中的重要作用

2010 年以前，中美在亚太地区的接触与合作，为东盟主导的包括东盟地区论坛在内的一系列地区组织提供了重要的地区环境，这也表明了中美双方对东盟“中心地位”的支持与认可。2017 年前后，中美进入战略博弈阶段，但双方仍然支持东盟的“中心地位”，尤其是东盟地区论坛、东盟防长扩大会议、东亚峰会等。中国多次表态，支持东盟在区域架构中的“中心地位”，支持东盟在不断演进的区域架构中继续发挥中心作用和领导力，支持加强东盟主导的东亚合作机制，包括东盟与对话伙伴合作、东盟与中日韩合作、东亚峰会、东盟地区论坛、东盟防长扩大会、东盟海事论坛扩大会等。[①] 美国在“印太战略”“美日印澳四边机制”等文件声明中也重申，支持东盟“中心地位”，欢迎一个在东南亚起领导作用的强大而独立的东盟。[②]

然而，相似的叙事表态不代表同等的实际支持，由各自在该地区的战略目标和利益所决定，中美对东盟在地区安全架构中的作用的认识以及对东盟地区论坛的参与有所不同。中国将“10+1”、东盟地区论坛、东亚峰会等机制作为参与“印太”地区安全对话与合作的主要途径，并支持东盟在其中的主导作用。从国家领导人，到外长、防长，中国定期出席包括东盟地区论坛在内的地区主要对话机制。在东盟地区论坛框架下，中国重点就反恐、救灾、气候变化、网络安全、海上安全等非传统安全领域开展务实合作和预防性

---

① 《中国支持东盟中心地位的立场文件》，中国外交部网站，2022 年 8 月 4 日，https://www.mfa.gov.cn/web/ziliao_674904/tytj_674911/zcwj_674915/202208/t20220804_10734026.shtml。

② The White House, *Indo-Pacific Strategy of the United States*, February 2022, https://www.whitehouse.gov/wp-content/uploads/2022/02/U.S.-Indo-Pacific-Strategy.pdf.

外交，助力解决地区安全关切，以维护东盟“中心地位”的方式为东盟发挥维护地区安全稳定的作用提供保障。

美国对东盟“中心地位”的支持是服务于其“印太战略”，目的是维护美国在地区架构中的主导地位。美国以双边军事同盟、美英澳三方安全伙伴关系（AUKUS）、美日印澳四边机制作为主导本地区安全架构的主要机制，同时强调这些机制与东盟主导的地区机制的对接，从而形成更为广泛的地区安全网络。相较中国，包括美国国务卿在内的高级官员出席东盟地区论坛会议的频次较低。2020年，时任美国国务卿蓬佩奥甚至缺席东盟地区论坛外长会。拜登政府上台后，虽然各级高官开始频繁访问东南亚以及参与各类对话机制，但更多将此作为与中国博弈的“竞技场”。同时，美国更为支持东盟地区论坛的高领域合作，强调核不扩散、海上安全、反恐、网络安全问题合作的重要性，并维护包括《联合国海洋法公约》在内的国际法在解决南海问题等地区争端中的必要性。此外，美国还设想在卫生、气候和环境、能源、交通以及性别公平和平等领域启动新的高级别参与。

（三）东盟地区论坛的发展前景

面对大国战略竞争的加强，东盟能否以及如何保持其在区域安全架构中的“中心地位”具有不确定性，地区安全形势的发展为东盟地区论坛的存续既提供了机遇，又带来了挑战。

一方面，亚太地区面临日益复杂和多样化的安全挑战，地区秩序走向仍处于“十字路口”。构建一个包容、对话、合作的安全架构仍然是本地区很多国家的共识，而东盟地区论坛的包容性和基于共识的路径对于维持地区国家的互信、促进预防性外交至关重要。

另一方面，中美战略博弈加剧，这将影响东盟地区论坛基于共识的决策过程及其有效应对地区安全挑战的能力。尤其是作为主导者的东盟，需要加强自身“统一性”建设，深化区域一体化，增强应对安全挑战的集体能力。

总之，东盟地区论坛的未来可能取决于地区安全挑战的应对情况与大国竞争变化。尽管未来充满不确定性和挑战，但只要东盟地区论坛能够适应不断变化的安全格局，东盟地区论坛仍有望成为就地区安全问题开展对话与合作的重要平台，保持东盟在地区安全架构中的“中心地位”。

东南亚是中国重要的周边，是中国外交首要与优先方向。未来，面对不断加剧的中美战略博弈，中国会面临更大的地区安全压力。以东盟为中心的地区安全架构符合中国的利益，中国也需坚定不移地落实“亲诚惠容”的理念，贯彻“与邻为善、以邻为伴”的周边外交方针，推动建设中国—东盟命运共同体。

中韩海上执法合作：特点、困境与努力方向

刘雅涵*

摘　要　海上执法合作在维持地区安全秩序、应对非传统安全威胁方面发挥十分重要的作用。中韩两国在海上搜救、海洋渔业、海洋环境、海上治安等多个领域开展海上执法合作，均取得了一定的成效，总体呈现出中韩双边合作与多边合作并行、非敏感领域合作进展顺利和海上执法合作机制不断完善的特点。但是，中韩之间互信不足、海上执法合作缺乏制度支撑、美国的强势介入等现实性问题制约中韩海上执法合作深入，使两国海上执法合作面临诸多挑战。中韩两国应认识到海上执法合作的重要性，加强两国政府与部门间的良性互动，建立中韩海上执法常设机构与配套机制，积极推进双方海上执法领域的务实合作。

关键词　海上执法；中韩合作；中韩关系；海洋合作

---

* 刘雅涵，山东大学东北亚学院 2021 级硕士研究生，复旦大学国际关系与公共事务学院 2023 级博士研究生。

进入21世纪，海洋成为大国博弈的主要阵地。随着中国经济的快速发展及综合国力的提升，美国战略重心逐渐向亚太地区转移，东亚成为权力变迁的重要区域。作为东亚海域的主要国家，中韩两国均拥有发展海洋的现实需求和建设“海洋强国”的宏伟愿景。中国和韩国都是世界海运大国，海运是两国进行对外贸易的主要方式之一。尤其是生存和发展严重依赖海外市场的韩国，其99.8%的国际贸易通过海运完成,[①] 海上贸易通道具有极其重要的战略价值，是保障国家经济繁荣和社会发展的“生命线”。保护海上贸易通道安全是中韩两国共同的利益诉求，也是推动中韩海上执法合作日益紧密的关键因素。

近年来，随着中韩关系持续升温，海洋合作不断推进，海上执法合作实现了新发展，成为海洋合作的重要组成部分。两国的海上执法体系历经数次变革性调整，简化不必要的执法程序，突出中国海警局和韩国海洋警察厅的执法主体地位，显著提升海上执法合作的成效。

中韩加强海上执法合作既是应对海上非传统安全威胁的必然选择，也是出于维护海上贸易通道安全和地区海洋秩序的现实考量，因此，推进中韩海上执法合作具有十分重要的现实意义。另外值得注意的是，中韩之间不存在海洋领土争端，两国开展海上执法合作具有良好的合作基础。中韩海上执法合作的成功案例，将会成为国

---

① 해양수산부,「글로벌경쟁력을갖춘고부가가치스마트항만의실현!」, 해양수산부 공식블로그, 2021 년 12 월 27 일, https://blog.naver.com/koreamof/222605792585

家间海上执法合作的成功范式，为东北亚地区其他国家的海上执法合作提供经验借鉴。

一、中韩海上执法合作的现状

1992 年，中国和韩国正式建立大使级外交关系，开启了中韩海洋合作的序幕。1998 年 12 月 8 日，中国与韩国签订了《中华人民共和国公安部和大韩民国海洋警察厅合作协议》，迈出了中韩海上执法合作的第一步。此后的 20 多年，中韩两国持续推动海上执法合作，拓展合作领域，丰富合作形式，完善合作机制，在双方的共同努力下，中韩两国在海上搜救、海洋渔业、海上治安、海洋生态等领域取得丰富的合作成果。

（一）海上搜救领域的执法合作

中韩两国经贸合作密切，人员往来活跃，航线繁忙，船舶航行频繁，极易发生船舶碰撞、倾覆等海洋事故。在重大海洋事故面前，仅凭某个国家的力量有时很难做到成功搜救，因此需要海上搜救国际合作提高救援成功率。中国和韩国是国际海上搜救条约的缔约国，中韩海上搜救合作既是履行国际公约义务的需要，也有利于减少生命和财产损失，保障航运安全。

中韩两国政府高度重视海上搜救领域的合作，先后加入《1974 年国际海上人命安全公约》《1979 年国际海上搜寻救助公约》和

《联合国海洋法公约》等国际海上搜救条约，海上搜救领域的执法合作是海上执法合作的重中之重。

中韩政府签署多项有关海上搜救的协议，为两国海上搜救合作奠定坚实基础。2007 年 4 月 10 日，《中华人民共和国政府与大韩民国政府海上搜寻救助合作协定》正式签署，两国就海上搜救合作水域、救援行动实施方案及加强两国海上搜救信息共享等内容达成一致，为中韩海上搜救领域的执法合作奠定了制度基础。为了顺利落实条约内容，提高两国海上搜救效率，2008 年 8 月，中国海上搜救中心与韩国海洋警察厅在韩国仁川正式签订了《中华人民共和国中国海上搜救中心与大韩民国海洋警察厅关于履行〈中华人民共和国政府与大韩民国政府海上搜寻救助合作协定〉的协议》，该协议的签订标志着两国在海上搜救领域的执法合作进一步深化，为保护中韩海洋工作者生命与船舶安全作出更大贡献。

中韩双方通过多种形式的海上搜救演习加强海上搜救合作，以此提高搜救能力与执法水平。中韩海上搜救联合演习主要包括三类。一是综合性联合搜救演习。2015 年和 2016 年两国分别在中国烟台和韩国济州开展“中韩海上联合搜救演习”，积累突发海洋事故搜救经验，提高两国海上搜救能力。二是海上搜救联合通信演习。2008—2015 年，两国在北京、辽宁、山东等地举行联合海上搜救通信演习，增加应对突发事件的处置经验，提升中韩海上搜救国际间合作水平。三是开展海军联合搜救演习。2005—2011 年，中韩海军共举办 4 次海上联合搜救演习，提升双方在海上搜救领域的人道主义合作。在突发海洋事故面前，中韩两国多次对遇险人员实施搜救。2007 年 5 月 12 日，韩国籍货轮“金玫瑰”在中国管辖海域发生碰撞后沉没，16 名船员失踪。事故发生后，中国海上搜救中心第一时间与韩国海洋警察厅取得联系，并派出海空联合救助力量及时进行大规模搜救。[①] 2014 年 4 月，韩国“岁月”号发生沉船事故，造成大量人员伤亡。事件发生后，中国国家主席习近平向时任韩国总统朴槿惠致慰问电，表明“中方愿随时向韩方提供必要的支持和帮助”。[②]

（二）海洋渔业领域的执法合作

由于中韩两国的海域宽度不足 400 海里，存在专属经济区划界问题。中韩渔业纠纷已经成为中韩关系中的不稳定因素。2000 年，中韩双方政府签订《中韩渔业协定》，2001 年正式生效。《中韩渔业协定》划分暂定措施水域、过渡水域范围，对违反规定作业的处理方式等内容作出临时性规定。在《中韩渔业协定》框架下，中韩两国设立中韩渔业联合委员会，双方定期举行会谈，协商两国专属经济区管理水域对方国入渔安排和捕捞配额。

近年来，中韩两国领导人高度重视渔业问题，已经建立多种形式的渔业执法合作活动，海洋渔业执法合作已经成为中韩海上执法

---

① 《中韩联合调查组查明韩国“金玫瑰”轮沉没事故原因》，中国政府网，2007 年 6 月 20 日，http://www.gov.cn/jrzg/2007-06/20/content_654096.htm。

② 《习近平就韩国客轮沉没事故向韩总统致慰问电》，《中国青年报》2014 年 4 月 18 日，第 2 版，http://zqb.cyol.com/html/2014-04/18/nw.D110000zgqnb_20140418_11-02.htm。

合作的重要一环。中韩双方每年召开渔业联合委员会会议，回顾年度双方渔业作业情况，针对两国专属经济区海域对方国入渔安排、违法作业等现实问题展开磋商，共同探讨打击非法捕捞、渔业资源养护等重要议题。截至 2022 年，中韩渔业委员会年度会议已连续举办 22 届，为养护黄海渔业资源、保障正常的渔业秩序作出贡献。2010 年中韩首次开展的暂定措施水域联合巡航，已成为双方加强海上执法交流合作的重要举措。2022 年 4 月 21—27 日，中国海警 6307 舰与韩国海洋水产部无穷花 35 船组成编队，在中韩暂定措施水域开展了 2022 年第一次联合巡航，观察记录作业渔船、查处违规作业渔船，维持良好的渔业生产作业秩序。截至 2022 年 5 月，中韩海上执法部门共开展了 12 次暂定措施水域联合巡航，[①] 较好地维持了暂定措施水域作业秩序，保障渔业作业安全。

中韩海洋渔业执法合作不仅有利于打击越界捕捞、非法捕捞等不良行为，保护海洋生物资源，也有利于维护正常的渔业生产秩序，避免渔业纠纷，不为其他国家插手中韩事务提供托词，保证中韩关系平稳发展。

（三）海洋环境领域的执法合作

黄海海域是世界上生态污染最严重的海域之一，中国和韩国都面临着一系列海洋污染问题。1993 年，中韩政府签订《中韩环境合

---

① 《中韩海上执法部门开展 2022 年首次中韩渔业协定暂定措施水域联合巡航》，新华社，2022 年 4 月 29 日，http://www.gov.cn/xinwen/2022-04/29/content_5688080.htm。

作协定》，环境合作成为中韩合作的重要组成部分。保护海洋生态环境是中韩两国海上执法机构的职责之一。中国海警局履行海上维权执法职责，执行包括维护海洋生态环境在内的执法任务。2017 年韩国海洋警察厅重组后，“保护海洋环境”是韩国海洋警察的重要职责之一。因此，海洋环境治理也成为中韩海上执法合作的重要内容。

海上溢油污染是海洋生态污染中最为引人注目的一种。重大溢油事件中海上溢油的规模和对环境可能造成的损害程度，超出了某个国家的处置能力，亟须开展国际合作共同应对溢油问题，最大限度地减少海上溢油造成的环境和财产损失。中韩开展多次海上溢油联合演习，为应对海上溢油事故积累了丰富经验。2008 年 9 月，中国交通运输部、山东省人民政府联合韩国海洋警察厅在青岛举行中韩海上溢油联合应急演习，这是中国政府首次举办国际性海上溢油应急反应联合演习，为建立中韩海上溢油事故应急处理机制积累了宝贵的经验。此后，两国于 2010 年、2012 年、2016 年举行中韩海上溢油应急联合演习，就发生海上溢油等突发性海洋污染事故的国内应急预案和两国海上环境执法的形式与技术合作方面达成共识。

在突发性海洋污染事故面前，中韩海洋环境执法合作能最大限度地控制污染海域，防止污染扩散，降低海洋生态损害。2007 年 12 月 7 日，“Hebei Spirit”油轮在韩国忠清南道泰安郡大山港外因碰撞导致原油溢漏，邮轮上超过 1 万吨原油流入大海，造成了韩国有史以来最严重的海洋污染。12 日，韩国政府通过外交渠道向中国政府提出清污援助请求。中国立刻组织支援行动，交通部海事局派遣船舶“海标24”与专家支援韩国清污行动，全力以赴地做好海域清污援助工作，最大限度地降低对海洋生态环境的破坏。[①]

（四）海上治安领域的执法合作

进入21世纪，海上安全形势错综复杂，非法捕捞、海上走私、海盗等国际犯罪和各类海洋自然灾害已经成为威胁国家安全的重要因素。面对日益猖獗的海上犯罪等不法行径和突发自然灾害，在打击犯罪、维护地区安全方面，作为地区大国的中国和韩国具有不可推卸的责任和义务。

得益于中韩两国政府的高度重视，双方通过多种途径推进海上治安领域的执法合作。一是开展人员、装备及船舶互访。2016年6月，中国海警21115舰应邀对韩国海洋警备安全本部济州海洋警备安全署进行了友好访问，接待韩国海洋警备机构人员登船观摩。这是中国海警局组建以来海警舰船首次正式出访国外海上执法机构，[②]为日后中韩海上治安领域的海上执法合作打下良好基础。二是举行海上联合演练，强化海上安全合作。2016年6月，中韩海警首次举行海上联合演练。中韩双方海警演练了情报沟通、联合指挥、编队航行、目标搜索等内容，通过双方一系列的战术配合，最终圆满完

---

① 《中国政府圆满完成派遣船舶支援国外清污救灾行动》，交通部网站，2007年12月19日，http://www.gov.cn/gzdt/2007-12/19/content_838014.htm。

② 《中国海警21115舰应邀访问韩国》，央广网，2016年6月18日，http://m.news.cctv.com/2016/06/18/ARTI6ytt3Ne5o8FUHJspfsOO160618.shtml。

成演练任务。[1] 中韩海上执法部门约定将严厉惩治海上违法犯罪行为，联合维护海上安全秩序。

近年来，随着大数据、人工智能等高新技术的广泛应用，两国海上治安体系逐渐朝着智能化、科技化方向转型升级。新科技革命成果的运用将极大地提升中韩两国海警装备智能化水平，提升海上治安领域合作的效率，有效地遏制海上犯罪。

二、中韩海上执法合作的特点

经过两国政府的不懈努力，中韩海上执法合作从无到有，逐渐深入，并呈现出双边合作与多边合作并行、非敏感领域执法合作进展顺利、海上执法合作机制愈发完善的特点。

（一）双边合作与多边合作并行

中国和韩国在持续推进中韩海上执法双边合作的同时，积极参与多边机制，不断深化海上执法务实合作。受地缘因素影响，中国、韩国与相邻国家日本和俄罗斯等国合作密切，共同在海洋环境保护、海上搜救、海上治安等领域建立了多样的多边合作机制。

为共同应对海域污染事故，提升海洋污染的应急处理能力，在联合国环境规划署、国际海事组织的倡导下，中国、韩国、日本、俄

---

① 《中韩海警举行海上联合演练强化海上安全合作》，央广网，2016 年 6 月 18 日，http://china.cnr.cn/news/20160618/t20160618_522432979.shtml。

罗斯四国于1994年9月通过了西北太平洋行动计划（NOWPAP）。2004年11月，中、韩、日、俄签署了《西北太平洋地区海洋污染防备反应区域合作谅解备忘录》及《西北太平洋行动计划区域溢油应急计划》，建立起在溢油应急领域的合作和互相援助的行动机制。[①] 从2015年起，西北太平洋行动计划与中日韩三方环境部长会议（TEMM）每年联合举行海洋垃圾研讨会，共同应对西北太平洋地区的海洋垃圾问题。2018年6月，成员国通过2018—2023年西北太平洋行动计划中期战略（MTS），定期评估海洋环境状况，重点关注沿海与流域综合规划管理和生物多样性保护，通过建立合作伙伴关系与充分调动资源的方式加强区域合作，以实现海洋及沿海环境资源的长期可持续发展。

海上搜救方面，自1996年起，韩国、日本、俄罗斯联合举办海上搜救操作级别联席会议，1997年中国加入。该会议由四国轮流举办，有利于增进东北亚地区日常搜救信息交流与海上搜救合作，是四国政府间搜救合作机制的一项重要内容。海洋治安方面，2000年，中国、韩国、日本、俄罗斯、美国和加拿大的海警机构成立北太平洋地区海岸警备执法机构论坛（NPCGF），每年召开一次专家会和高官会。这是一个区域性多边海上合作机制，成员国围绕加强多边合作、打击海上非法贩运、协调北太平洋公海渔业巡航、保护海洋生态环境等议题进行充分的讨论，为维护北太平洋地区海洋安

---

① 《中韩海上溢油应急联合演习在山东省青岛海域举行》，新华社，中国政府网，2008年9月2日，http://www.gov.cn/jrzg/2008-09/02/content_1085682.htm。

全和稳定贡献力量。2013年9月，中国海警局应邀参加北太平洋地区海岸警备执法机构论坛，这是中国海警局挂牌后，首次在多边海上执法合作平台中亮相。[①] 为实现“安全、可靠和清洁的海洋”，2004年中国、韩国、日本、越南等21个亚洲国家和地区的海岸警备机构组成亚洲地区海岸警备机构高官会（HACGAM），致力于维护亚洲地区海洋安全秩序和清洁的海洋环境，增进国家间互信与海洋合作。2021年12月，越南海警司令部主办了第17届亚洲地区海岸警备机构高管会，成员国就共同应对海上偷渡、走私、贩毒等违法犯罪，海盗、恐怖主义等海洋领域威胁挑战达成共识，对于维护地区海洋安全稳定具有重要意义。[②]

（二）非敏感领域执法合作进展顺利

近年来，得益于两国政府和海上执法部门的高度重视及两国对海上执法合作的认知共识，中国海警局与韩国海洋警察厅基于人道主义原则，在海上搜救、海洋污染治理等非敏感领域合作密切，共享信息情报并及时开展海上事故应急响应行动，多次成功救助海上遇险人员及船舶，避免生态环境破坏及生命和财产损失。2022年10月15日，一艘韩国渔船“KELSEY2”号在中国福建莆田附近海域倾斜进水，中方接到消息后第一时间投入警力，迅速对遇险人员施

① 《中国海警局首次参加北太地区海警执法机构论坛会》，海洋局网站，2013年9月13日，https://www.gov.cn/govweb/gzdt/2013-09/13/content_2488007.htm。

② 《中国海警局代表团参加第17届亚洲地区海岸警备机构高官会高级别会议》，新华社解放军分社，新华网，2021年12月9日，http://www.news.cn/mil/2021-12/09/c_1211480285.htm。

以援手，安全转移20余名船员。[①] 2021年12月3日，一艘中国渔船在韩国全罗南道丽水附近海域触礁沉没，韩方在接到中国海上搜救中心的请求后立即派遣15艘警备舰艇和2架直升机开展救援工作，22名中国船员全部安全撤离。[②]

中韩两国通过开通中韩海警热线与二级联络窗口、举行通信演习、人员装备互访等形式增进两国海上执法机构互动，提升两国执法协作能力。2015年，韩国国民安全处海洋警备安全本部与中国海警局相关负责人在北京签订有关建立中韩海警间热线的谅解备忘录，同意开通中韩海警热线。2021年，中国海警局与韩国海洋警察厅共同完成合作备忘录修订，就增设二级联络窗口达成共识。[③] 截至2021年，两国海警机构共开展21次通信训练，有效地提升了两国对突发海洋事故的应急协作能力。2018年5月16日，韩国海洋警察厅厅长朴勍民率代表团抵达天津，参观了中国海警13104舰并进行座谈交流。虽然两国非敏感领域的海上执法合作取得了显著成效，但是两国在海域划界、渔业管理等敏感问题上仍未取得突破性进展。两国应客观看待、妥善解决海上纠纷，管控分歧与摩擦，为今后全面深化海上执法合作奠定良好基础。

---

① 《2022年10月19日外交部发言人汪文斌主持例行记者会》，外交部网站，2022年10月19日，http://switzerlandemb.fmprc.gov.cn/web/fyrbt_673021/jzhsl_673025/202210/t20221019_10785945.shtml。

② 《一中国渔船在韩国海域沉没全部船员获救》，韩联社，2021年12月3日，https://cn.yna.co.kr/view/ACK20211203004700881。

③ 《韩媒：中韩开通海警热线有利于杜绝非法捕捞》，环球网，2015年12月18日，https://world.huanqiu.com/article/9CaKrnJSqG0。

（三）海上执法合作机制愈发完善

2008年，中韩两国以元首互访为契机，决定建立并全面推进战略合作伙伴关系。海上执法合作是中韩海洋合作的必要环节，亦是中韩战略合作伙伴关系的重要组成部分。2015年12月，中韩签署《中国海警局和大韩民国国民安全处合作谅解备忘录》，这是中国海警局和外国海上执法机构签署的第一份合作文件，为持续深化双方海上执法合作打下坚实基础。该备忘录确立了中韩海警每年轮流举行工作会议的机制。2016年，中韩海警首次高级别工作例会在韩国仁川成功举行。截至2023年6月，中韩海警共举办6次高级别工作会晤，集中探讨了加强海上渔业执法，共同打击走私、贩毒等海上违法犯罪活动，积极丰富合作开展的领域与形式，在维持海洋渔业秩序、维护地区海洋安全、打击海上跨国犯罪等方面产生积极影响，进一步扩充了中韩战略合作伙伴关系的内涵。2021年，中韩建立由两国外交部主办的海洋事务对话合作机制。4月14日，中韩举行海洋事务对话合作机制首次会议，中国海警局、韩国海洋警察厅共同参与，双方同意加强海上执法领域的交流与合作，妥善处理争议海域划界等敏感问题，增进相互信任。[①] 另外，针对争议海域的海洋渔业等敏感问题，中韩两国建立了渔业联合委员会会议、年度渔业执法工作会谈和中韩渔业高级别会谈机制，定期开展中韩暂定

---

① 《中韩举行海洋事务对话合作机制首次会议》，中国新闻网，2021年4月14日，https://www.chinanews.com.cn/gn/2021/04-14/9454911.shtml。

措施水域联合巡航。中韩现有的海上执法合作机制为两国海上执法的良性互动奠定基础，对促进两国海上执法机构的交流与合作，维持地区海上安全秩序，深化中韩关系具有重要意义。

随着韩国《海洋警备法》《海洋警察法》与中国《海警法》的出台，中韩海上执法合作也有了法律保障。此前，中韩海上执法合作建立在双边协定、条约、国际公约的基础上，缺乏必要的法律基础。2012 年，韩国颁布的《海洋警备法》对韩国参与国际合作或国家间联合演习派出的警备力量作出了明确的规定，进一步规范了韩国海警的海上执法行为。① 2019 年 8 月 20 日，韩国颁布《海洋警察法》，并于 2020 年 2 月 21 日正式执行。韩国《海洋警察法》从法律角度明确了海洋警察委员会、海洋警察厅的组织结构、职能等内容，旨在提升韩国海警海上执法水平与工作效率。② 中国于 2021 年 2 月 1 日起正式实施《海警法》，对中国进行国际合作的对象、主要任务与合作形式作出了明确规定，进一步确认了中国海警国际执法合作的主体资格，增强了中国海上执法的公信力，为中国与韩国开展海上执法合作提供了更加稳定的预期和保障。③ 韩国《海洋警备法》《海洋警察法》和中国《海警法》的出台为两国开展国际合作提供国内法支撑，有助于推动中韩海上执法合作迈向更高水平。

---

① 韩国《海洋警备法》第 9 条（国际合作）规定，海洋警察厅厅长可以根据总统令规定，参与以国际合作为目的的国家间联合训练及救助活动，可以向国外派遣部分警备势力。

② 《海洋警察法》，韩国国家法令信息中心，2019 年 8 月 20 日，https://www.law.go.kr/LSW/lsInfoP.do?efYd=20210114&lsiSeq=228735#0000。

③ 《〈海警法〉开启海上执法合作新篇章》，《环球时报》2021 年 4 月 29 日，https://opinion.huanqiu.com/article/42ufm5E3yA3。

三、中韩海上执法合作面临的问题

中国和韩国互为海上邻国，海洋合作日趋紧密。两国积极开展海上执法合作，不仅符合两国的共同利益，更有利于维护地区的和平与稳定。尽管如此，受价值观念、发展战略等因素的影响，中韩海上执法合作仍面临着诸多挑战。

（一）中韩两国缺乏充足的战略互信

战略互信是推动合作的基础，中韩两国间战略互信不足是制约海上执法合作的主要因素。中国始终在坚持“与邻为善、以邻为伴”的周边外交方针和“共商、共建、共享”的全球治理观的基础上积极开展国际合作。2017 年 6 月，中国发布的《“一带一路”建设海上合作设想》明确提出，要“在双多边框架下推动海上执法合作，建立完善海上联合执法、渔业执法、海上反恐防暴等合作机制，推动构筑海上执法联络网，共同制定突发事件应急预案”。[①] 韩国与中国政治体制、意识形态、价值观迥异。随着中国综合国力与国际地位的提升，韩国既希望分享中国经济快速发展的红利，又担心中国的快速崛起触动本国利益从而逐渐加深对中国的猜忌，由此产生严重的信任缺失，为中韩海上执法合作带来极大的不确定性。

---

① 《“一带一路”建设海上合作设想》，新华社，2017 年 6 月 20 日，http://www.xinhuanet.com/politics/2017-06/20/c_1121176798.htm。

另外，中韩两国间存在的海域划界、渔业纠纷等历史问题是影响两国互信的另一重要因素。在中韩海域划界未决的情况下，韩国不断强化对中国渔船的执法处罚力度，两国渔业纠纷频发，成为中韩双边关系中不稳定因素。2001年6月30日24时，《中韩渔业协定》正式生效，有效期为五年。《中韩渔业协定》生效后，韩国加大了对在其专属经济区违法作业的中国渔船的管制力度，再加上韩国舆论媒体的推波助澜，中韩渔业冲突时有发生，不断加深两国民众对彼此的消极印象，严重制约了两国更深层次的海上执法合作。

韩国学者对中国《海警法》的部分内容存在认知误解，也在一定程度上限制了两国海上执法合作的深入。中国《海警法》由11章84条组成，它明确了中国海上执法的主体，中国海警局（海警机构）的人员组成、职责范围，以及在执行具体任务时应遵守的基本原则、程序等方面的内容。中国外交部发言人汪文斌表示，“制定《海警法》是中国全国人大正常的立法活动，草案各国内容符合国际惯例和各国实践，中方涉海政策立场没有变化”，[①] 中国驻韩国大使馆发言人王炜也公开表示，“《海警法》有关内容完全符合国际法和国际惯例，与各国海警相关法律大体相同，与韩国的《海洋警察法》也很类似”。[②] 然而，部分国外学者认为中国《海警法》存在规定模糊、滥用武力等问题，严重违反了《联合国海洋法公约》

① 《2020年11月13日外交部发言人汪文斌主持例行记者会》，中华人民共和国外交部，2020年11月13日，https://www.mfa.gov.cn/web/wjdt_674879/fyrbt_674889/202011/t20201113_7816845.shtml。

② 《中国驻韩国大使馆发言人就中国〈海警法〉正式施行回答记者提问》，中国驻韩国大使馆，环球网，2021年2月2日，https://world.huanqiu.com/article/41lox7GM07R。

规定，将会严重损害他国的海洋权益，加剧国际社会的紧张态势。[①] 韩国学者在中国《海警法》草案（2020 年 11 月）发布后就开始持续关注，尤其关心《海警法》武器使用条款以及《海警法》生效后对韩国海上安全产生的影响。有韩国学者认为，中国的《海警法》与韩国《海洋警察法》在警备水域、适用法律、管辖权限、武器及装备使用等方面的规定存在诸多差异，尤其是中国《海警法》尚未对武器和装备使用作出明确的规定，由此担心中国海警在未划界海域对韩国船只执行中国《海警法》会引发两国外交摩擦，破坏地区的海上和平与稳定。[②] 因此，如何消除韩国对中国《海警法》的错误认知，弥合中韩两国的信任缺失，增进战略互信成为中韩海上执法合作亟须解决的首要课题。

（二）海上执法合作缺乏制度支撑

当前，中韩两国在《中国海警局和大韩民国国民安全处合作谅解备忘录》框架下进行海上执法合作，与其他国家间的海上执法合作相比，中韩海上执法合作存在合作效率滞后、规则缺位等现实性问题，海上执法合作存在制度缺陷。

中韩两国海警缺乏统一的合作平台。统一的海警合作平台是促

---

① Nguyen Thanh Trung, "How China Coast Guard Law Have Changed the Regional Security Structure," April 2021, https://amti.csis.org/how-chinas-coast-guard-law-has-changed-the-regional-security-structure/.

② 정민정:「중국「해경법」제정의 내용과 시사점」. 국회입법조사처 2021 년 8 월 19 일, 제 2 호, p. 3

进海上执法合作的必要保障。目前，中韩两国尚未建立统一的联合执法平台，中韩海上执法合作缺乏长期的、具体的发展规划。以中菲海警合作为例。2016 年，中国和菲律宾两国签署《中国海警局和菲律宾海岸警卫队关于建立海警海上合作联合委员会的谅解备忘录》。2017 年 2 月，中菲海警海上合作联合委员会正式成立。中菲海警海上合作联合委员会下设各工作组，共同确定阶段性的合作项目与合作计划，在打击海上跨国犯罪、海上搜救、海洋环境保护、应急响应等领域推进两国海警信息交换、能力建设等多种务实合作。中菲成功的“海警外交”为中菲关系的发展注入新动力，也为中韩海警建立联合执法平台提供了实践经验，建立中韩联合海上执法平台应成为未来中韩海上执法合作推进的重点。

中韩两国缺乏相对统一的执法规范和必要的监督机制。统一的执法规范的缺位容易导致两国在某些问题上产生不同的理解与认知，引发潜在矛盾，影响中韩海上执法合作的深入。韩国颁布的《海洋警备法》《海洋警察法》和中国颁布的《海警法》是两国进行海上执法的国内法支撑，虽然分别对本国参与海上执法国际合作的行为作出明确规定，但是由于两国在海洋管理体制、执法依据等方面存在较为明显的差异，目前尚未形成相对统一的海上执法准则。例如，在武器使用情形问题上，中国和韩国海警的执法标准就尚未统一。中国《海警法》对武力使用的情形、条件、程序等作出了明确、细致的规定，中国海警在执法时审慎使用武力，遵循严格的武力使用标准与程序，凸显了执法专业性。反观韩国，韩国海警在执法过程中武力使用并不谨慎。尤其在2020年韩国《海洋警察法》颁布前，韩国海警一直在扩大武力使用权限，对中国渔民暴力执法的情形不断增多，造成两国海上执法冲突事件频发。另外，中韩海上执法合作缺乏必要的监督机制，海上执法行为缺少法律约束，执法合作的成效主要取决于双方的自觉参与，无法保证执法效果。

（三）美国介入增加不稳定因素

随着中国"海洋强国"建设步伐加快，美国在海上遏制中国发展的意图越发凸显。美国不仅高调地在黄海举行联合军演，还大肆宣传中国的"非法捕鱼"行为破坏海洋秩序，威胁世界各国国家安全，企图操纵国际舆论。2020年9月，美国海岸警卫队发布的报告专门提及中国的"非法捕捞"和海上民兵组织"侵犯"他国国家主权，"损害"了依赖海洋资源国家的生存及发展利益，"破坏"国际秩序。[①] 特朗普就任美国总统后，将奥巴马政府的"亚太再平衡"战略升级为"印太战略"，将中国视为主要战略目标，企图通过遏制中国崛起来捍卫其全球霸权。

美国"印太战略"的重要环节之一是强化美国与其盟友之间的关系。韩国是美国的传统盟国，韩美同盟不仅是美国"印太战略"的重要支点，也是韩国外交政策的基石。尹锡悦政府上台后呈现出

---

① United States Coast Guard, "Illegal, Unreported and Unregulated Fishing Strategic Outlook," September 2020, https://www.uscg.mil/Portals/0/Images/iuu/IUU_Strategic_Outlook_2020_FINAL.pdf#page=8.

极端保守化倾向，出于对国家利益与战略目标的考量，“一边倒追随美国”将成为其对外政策的主要出发点，韩国将会不断深化和美国的海上安全合作。韩国在美国的“印太战略”中扮演着非常重要的角色。韩国是美国在亚太地区“更分散的前沿基地”和确保美国进入关键地区的入口，不仅能为美国提供了一定程度的“地区”海洋力量，亦可为美国海上机动作战提供支援。[①] 美韩在黄海和日本海等海域大规模的海上军事演习将直接威胁中国的国家利益，也在一定程度上制约着中韩在非传统安全领域的合作。因此，美国是中韩海上执法合作中不可忽视的重要因素。当前，在中美战略博弈日益激烈的背景下，美韩海上安全合作影响并制约着中韩合作的成效。美国的介入进一步加剧了中国海洋安全风险，也成为制约中韩海上执法合作的最大外部阻力。在中美战略博弈加剧的背景下，如何平衡韩美同盟和中韩战略合作伙伴关系不仅是韩国政府亟须处理的重要课题，也是影响中韩海上执法合作能否深入推进的关键。

四、中韩海上执法合作的推进路径

中国和韩国均有进一步加强中韩海上执法合作的共识，以遵守国际规章、法律规范为前提，在已有执法合作和执法机制的基础上，有计划、有步骤地构建高效率、综合性的中韩海上执法合作机

① 赵懿黑：《美国“印太战略”下美韩海洋安全合作研究》，《太平洋学报》2022 年第 3 期，第 50 页。

制，为保障海洋安全秩序和海洋可持续利用，促进地区稳定与经济繁荣作出贡献。

（一）加强政府间沟通和部门间务实合作

中韩海上执法合作是中韩海洋合作的重要议题。中韩两国有必要从战略全局角度出发，将海上执法合作纳入中韩海洋合作与中韩战略合作伙伴关系的总体框架内，充分利用现有机制，不断拓宽海上执法合作领域，丰富合作形式与内容。

第一，中韩两国应在相互尊重的基础上开展合作，妥善处理敏感问题，照顾彼此核心利益和重大关切，推动海上执法合作迈向更高水平。两国应在现有的合作框架、合作协议的基础之上，秉承相互尊重、互利共赢的合作原则，推动双方继续深入在既有领域的合作。中国海警局和韩国海洋警察厅可以借助海警高层会晤机制、中韩海洋事务对话合作机制等力量，通过加强人员、装备互访，签订双边合作框架等方式，进一步深化双方在海上搜救、海洋治安、海洋生态保护等领域的海洋执法务实合作。但是对于涉及国家核心利益的问题，中国应向韩方表明态度，坚持一贯立场不动摇，坚决维护国家主权、安全和发展利益。

第二，重点加强两国在非敏感领域内的海上执法合作，在相互尊重彼此重大关切的基础上，适度推动合作向敏感领域延伸。中韩应重点加强在打击海上犯罪、海上搜救、海洋生态保护等非敏感领域的合作，拟定翔实、具体的合作计划书与推进时间表，定期发布中韩海上执法合作联合公报。针对渔业纠纷、海域划界等敏感问题，两国应不断强化利益共识，加大暂定措施水域的巡航力度，维护正常的渔业作业秩序。与此同时，中国应最大限度地限制韩国在苏岩礁及附近海域、争议海域的单方面活动，维护中国正当的海洋权益。韩国应该正确、谨慎对待中韩关系和韩美同盟之间的关系，避免因美国介入而影响中韩海上执法机构之间正常的合作。

第三，在保持中韩海上执法人员、装备互访的基础上，建立海上执法人才培训机制，提升两国海上执法人员的专业素养。语言不通是导致两国海上执法合作效率低下的首要问题。中韩两国可以在本国海上执法人员的培训体系中增加对象国语言学习课程，掌握基本的海上执法用语，进一步增进两国海上执法机构的交流。此外，两国亦可通过开展海上执法人员联合培训项目对海上执法合作过程中出现的问题进行深入的交流与讨论。可参考中国和东盟建立的较为完善的海上执法人员培训机制。2019 年 10 月，首期“中国—东盟海上执法人员研修班”在中国海口开班。包括中国和东盟在内的 13 个国家海上执法人员及专家学者共同讨论海上安全与搜救、船舶污染管理及渔业管理等领域的海上执法议题。[①] 中韩之间也可建立与之类似的海上执法人员研修班，重点讨论暂定措施水域的联合执法、海上非传统安全领域的执法议题，还可以定期进行海上执法演习，培养合作默契。

---

① 《首期“中国—东盟海上执法人员研修班”在海口开班》，中国新闻网，2019 年 10 月 21 日，https://www.chinanews.com.cn/gn/2019/10-21/8985569.shtml。

（二）建立中韩海上执法合作常设机构

中韩两国应从战略高度出发，积极倡导建立中韩海上执法合作专门机构，夯实海上执法合作的法律基础和民意基础，为中韩海上执法合作长久、深入发展注入动力。

第一，中韩两国应建立中韩海上执法合作委员会作为执法合作常设机构。中韩海上执法合作委员会的建设可汲取中菲海警海上合作联合委员会和中老缅泰湄公河联合巡逻执法联合指挥部等海上执法合作机构的运行经验。2011 年，湄公河“10·5”惨案发生后，中国、老挝、缅甸、泰国四国在加强湄公河流域执法安全合作方面达成共识，联合签署《湄公河流域执法安全合作会议联合声明》，决定在中国关累港设立中老缅泰湄公河联合巡逻执法联合指挥部作为四国执法警务合作的新平台，四国派驻官员和联络官，根据本国司法管辖权和法律规定协调、交流情报信息，按照协商一致的原则统一协调各国执法舰艇及执法人员开展联合执法工作。[①] 中老缅泰四国联合执法以《关于湄公河流域执法安全合作的联合声明》和《中老缅泰湄公河联合巡逻执法部长级会议联合声明》为法律基础，以联合执法指挥部为核心，建立起装备精良、人员高效、以国家保障为后盾的联合巡逻执法队伍，不断扩宽执法的广度、创新执法程

① 《中老缅泰湄公河联合巡逻执法联合指挥部成立》，中国新闻网，2011 年 12 月 9 日，http://www.gov.cn/gzdt/2011-12/09/content_2016422.htm。

序。[1] 中韩海上执法合作委员会下设渔业活动、海上治安、海上搜救、海洋环境等主要部门，执行联合巡航、处理渔业纠纷和海上突发事件的任务，保障两国海洋工作者生命和财产安全，维护地区正常的海洋秩序。此外，在中韩海上执法合作委员会下设中韩海上执法合作秘书处，负责制定两国海上执法合作长短期发展规划与目标，并对两国海上执法合作的领域、方式与力量作统一部署与安排。

第二，设立中韩海警合作专项基金。充足的资金支持是中韩海上执法合作的有力保障。可以参考“中国—东盟海上合作基金”，2011 年，中国—东盟海上合作基金正式设立。涵盖海上执法人员培训、海洋法、海上安全等内容的“中国—东盟海洋法律与治理”高级研修班是“中国—东盟海上合作基金”支持的重点项目之一，自 2016 年 1 月启动以来获得广泛好评，现已成为中国和东盟国家海洋治理领域人才培养和学术交流的机制化平台。[2] 中韩两国也应设立海警合作专项基金，根据现实需要选定重点合作领域和推进项目。设置中韩海警合作专项基金将在培养海上执法人才、提高海上突发事件应急处理能力方面产生积极影响，也将进一步推动中韩在海洋领域的务实合作。

第三，建立内部与外部监督并存的监督机制，保障中韩海上执

① 王攻黎、陈悦：《中国—东盟在南海区域海上执法合作机制的构建——基于新时代国家总体安全观》，《广西社会科学》2018 年第 3 期，第 52 页。

② 《第五期“中国—东盟海洋法律与治理”高级研修班简介》，中国南海研究院，http://www.nanhai.org.cn/categroy/34.html。

法合作机构的正常运转。中韩海上执法合作缺乏统一的执法标准和权威的监督机制是阻碍两国海上执法合作的关键因素。两国可以在中韩海上执法合作委员会下设专门的监督机构，从内部监督两国执法合作的开展情况。此外，组建一支由政府人员、专家学者、普通市民等不同群体组成的海上执法合作监督队伍，对两国海上执法合作进行外部监督。通过举行联合研讨会、公开听证会等形式，必要时可形成监督报告反馈至中韩海上执法合作委员会，进一步规范两国海上执法合作行为。

（三）完善中韩海上执法合作配套机制

中韩两国还应完善海上执法合作配套机制，不断提高两国海上执法合作质量，确保中韩海上执法合作的顺利、深入开展。

第一，建立中韩海上舆情分析与海事安全信息共享机制，及时共享重要的海上舆情信息。中韩两国海上执法部门可以组建专门的海上执法信息交流平台。一方面，该平台使用中文、韩语、英语介绍两国的海上执法发展情况、法律体系、政策文件等信息，避免因信息不对称而产生误解，增进两国机构间交流，吸收对方海上执法先进经验；另一方面，两国可通过该平台及时通报突发性海洋信息，在最短时间内组织执法力量，处理海上突发事件。针对可能造成严重后果的、一时无法分辨真伪的信息，两国也可借助该平台及时通报、共享，去伪存真，确保信息来源的权威性，共同研究解决方案。

第二，建立海上执法合作纠纷处理机制，妥善处理海上执法纠纷。由于中韩两国在海域划界问题上尚未达成共识，渔业纠纷是海上执法过程中长期存在的问题。如何妥善处理渔业等海上执法纠纷不仅关系到两国海上执法合作能否深入开展，更会对中韩两国关系产生直接影响。两国可以建立由通晓国际法、具备丰富中韩海上执法经验的专家人员组成的海上执法纠纷处理委员会。在出现海上执法纠纷时，海上执法纠纷处理委员会应以两国大局关系为重，坚持通过友好对话协商等和平方式解决问题，妥善处理分歧与摩擦，避免事态升级。

第三，建立海上突发事件应急处理机制，防范海上危机蔓延，保障生命与财产安全。中韩两国应联合制定非常态下的危机应急合作预案，加强中韩海上执法部门间应急合作。两国可在共同执法平台中韩海上执法合作委员会下设海洋事故应急处理小组，当中韩之间的海域发生严重的海洋事故时，该小组负责统筹现场指挥救援工作，避免出现因“两头指挥”导致的混乱问题，影响救援活动开展。

五、结论

出于应对海上非传统安全威胁和保护海上贸易通道的需要，中韩海上执法合作日趋紧密。历经 20 余年的实践与磨合，中韩两国在海上搜救、海洋渔业、海洋生态、海上治安等领域的海上执法合作取得了明显的进展，海上执法合作领域逐渐丰富，执法机制愈发完善。中韩海上执法合作不仅是两国海洋合作深入的成果，更是对中韩战略合作伙伴关系内涵的丰富与发展。

虽然受历史观念、发展战略等因素的影响，两国海上执法合作面临诸多挑战，但仍值得肯定的是，中国和韩国有意愿、有能力继续深化海上执法合作，携手维护地区海洋和平与稳定。未来，海上执法合作是中韩海洋合作不遗余力推进的重点领域，处理打击海盗、防范海上犯罪与海洋污染等海洋非传统安全问题，维护正常的渔业作业秩序仍是中韩海上执法合作关注的焦点。如何深入推进中韩海上执法合作、提高合作效率是需要两国共同努力的课题。中韩海上执法合作可吸收与他国合作的有益经验，推动政府间与部门间务实合作，建立并完善联合执法机构和配套机制，努力使中韩海上执法合作成为促进中韩关系发展的新支柱。